Geister, Götter, Teufelssteine

Hartmut Schmied

Geister, Götter, Teufelssteine

Sagen- & Legenden-Führer
Mecklenburg-Vorpommern

HINSTORFF

Inhaltsverzeichnis

Vorwort

Verborgenes entdecken können Sie mit diesem ganz besonderen Sagen- und Legenden-Führer. Gern lade ich Sie ein, geheimnisvolle und geistreiche Orte in Mecklenburg-Vorpommern mit ihrer mehr als zweihundertjährigen Sagentradition aufzuspüren. Hinter den Geschichten um Geister, Götter, Teufel, Riesen, Zwerge, Fabeltiere, Hexen, Drachen, Ungeheuer, Raubritter, Seeräuber, slawische Heiligtümer, Kirchen, Burgen, Schlösser und Blocksberge stecken mehr Wahrheiten als oftmals angenommen. Es sind alte Erklärungsversuche für anscheinend übernatürliche Phänomene oder vermeintlich unerklärliche historische Ereignisse längst vergangener Zeiten, die an die beschriebenen Schauplätze führen.
Das Buch „Geister, Götter, Teufelssteine" erschien erstmalig im Jahre 2005 beim Hinstorff Verlag als Neuauflage des Bandes „Die Schwarzen Führer – Mecklenburg-Vorpommern", Eulen Verlag, Freiburg im Breisgau 2001. Zu dieser Edition gehörten 20 geografisch geordnete Sagenbände aus ganz Deutschland. Im Jahre 2011 folgte die zweite Hinstorff-Auflage, 2018 die dritte. Die vorliegende vierte Auflage wurde unter Beibehaltung der Struktur aktualisiert und erstmalig mit Nachweisen zur Herkunft der einzelnen Sagen sowie weiteren Fotos versehen. Die meisten Sagenorte habe ich seit 2018 erneut aufgesucht und dabei festgestellte Veränderungen eingearbeitet.
Beim kulturgeschichtlichen Beurteilen der Sagen und Legenden helfen im vorliegenden Buch neben der meist stark reduzierten Erzählung die vorangestellten Informationen über den Ort, die Zeitumstände, Museen mit „legendären" Exponaten, eingeflochtene wissenschaftliche Zusammenhänge sowie historische Abbildungen. Ein realer, auffindbarer Ort ist Voraussetzung für die Aufnahme in diese spezielle Sammlung.
Im Sinne dieses Buches sind mit den Sagen zuerst traditionelle Geschichten vornehmlich des 19. und des 20. Jahrhunderts, aber auch neu geschriebene (siehe „Herkunft der Sagen"), gemeint. Der Begriff Legende (im Sinne von legends) wird hier übergreifend für unterschiedliche Erzählformen verwendet.

Sagen, Objekte und Erzähler erhalten gemeinsam die Geschichten für die Zukunft. Erreichen wir dabei die Jüngsten ab dem Vorschulalter, dann haben wir für jeweils weitere drei Generationen ein liebenswertes Stück Heimat ins gesellschaftliche Gedächtnis eingebracht.
Alle Sagen wurden alphabetisch nach Orten (insgesamt 115 Dörfer und Städte) gegliedert. Der Landkreis in Klammern hinter der Ortsnennung soll bei der Suche des Dorfes oder der Stadt helfen. Die sechs Landkreise und zwei kreisfreien Städte sind mit ihren sagenhaften und legendären Stätten auf der Landkarte am Ende des Buches verzeichnet. Das Literaturverzeichnis bietet in einer Auswahl Anregungen, sich mehr in das Thema zu vertiefen. Ein Ortsverzeichnis erleichtert den Zugriff auf weitere Erwähnungen. Wenn möglich, wurde auf die jeweils älteste Überlieferung im Originaltext zurückgegriffen. Umfangreichere mecklenburgische Sagenbände sind die von Friedrich Studemund (1823; siehe Literaturverzeichnis und Rubrik „Herkunft der Sagen"), Albert Niederhöffer (1857/60), Karl Bartsch (1879/80), Richard Wossidlo (1939) sowie Siegfried Neumann (1993). Für Pommern sind die Bücher von Jodocus Deodatus Hubertus Temme (1840), Ulrich Jahn (1889), Alfred Haas (1926) und Siegfried Neumann (1991) zu nennen. Wie diese Auflistung bereits zeigt, endeten in den 1930er Jahren vorerst die großen Sagensammlungen. Danach wurde das Thema eher lokal aufgearbeitet. Größere Darstellungen über Mecklenburg und Pommern auf wissenschaftlicher Grundlage gab es in den letzten Jahrzehnten erst wieder von Siegfried Neumann aus der Wossidlo-Forschungsstätte für Europäische Ethnologie/Volkskunde an der Universität Rostock.
Bei der Suche nach neuen Sagen ging ich unterschiedliche Wege. Das 1999 gegründete virtuelle CRYPTONEUM Legenden-Museum hat sich auch der noch nicht als Sagenstoff verzeichneten Legenden angenommen. So wurden die Rathausschlange oder Tycho Brahe *(beide Rostock)* aus historischen Quellen erstmalig in einem regionalen Sagenband wiedergegeben. Die Recherchen zum Magier Bellachini *(Parchim)* erfolgten außer in Archiven vor allem in der Fachliteratur zur Zauberkunst. Durch die Freilegung einer alten Wandzeichnung im Jahre 2009 bekam die Orca-Legende *(Greifs-*

wald) weitere Nahrung. Sagenhafte Bäume wie die Hertha-Buche *(Sassnitz)* sterben und erstehen wieder. Burgen *(Feldberg)* oder Sühnesteine *(Kruckow)* sind schwer auffindbar im Gesträuch und vielleicht gerade dadurch besonders gut geschützt, sie bleiben als Texte hier ebenso erhalten.
In Anlehnung an die UNESCO-Einteilung in Weltkultur- und Weltnaturerbestätten wurden die Symbole auf Seite 8 in die Rubriken Kulturerbe (126 Stätten in diesem Buch) und Naturerbe (34 Stätten) gegliedert. Damit wird eine Anregung zur Beurteilung unserer regionalen Sagenwelt und ihres Umfeldes nach dem UNESCO-Übereinkommen zur Bewahrung des Immateriellen Kulturerbes (IKE) aus dem Jahre 2003 gegeben. Das IKE-Übereinkommen ist seit 2013 in Deutschland wirksam.
Im März 2021 nahm die Deutsche UNESCO-Kommission die Bewerbung „Die Vielfalt des Sagenerzählens in Mecklenburg-Vorpommern“ in das Bundesweite Verzeichnis des Immateriellen Kulturerbes auf und würdigte damit die Aktivitäten der Sagenerzählenden. Für die Sagen-Aktivitäten der 75 beteiligten Sagenerzählerinnen und -erzähler, darunter federführend das CRYPTONEUM Legenden-Museum, wurden sechs Hauptformen des Sagenerzählens identifiziert: 1.) mündliches Sagenerzählen, 2.) Sagenerzählen als Theater-Spiel, 3.) bildliches Sagenerzählen, 4.) Sagenerzählen mit Objekten vor allem in Museen, 5.) Sagenerzählen in gemeinschaftlichen Projekten sowie 6.) Sagenerzählen in Massenmedien. Jede einzelne Erzählform trägt auf nachhaltige Weise zum Fortleben dieses Erzählgutes bei.
Zu Dank bin ich den vielen Hobbyforschern, Archivaren, Bibliothekaren, Ortschronisten, Archäologen, Historikern und besonders den Mitarbeitern der heimischen Museen wegen ihrer wertvollen Hinweise und Zuarbeiten verpflichtet. Vor allem danke ich Holger Björkquist, der durch ergänzende Recherchen vor Ort einen wesentlichen Beitrag zum Gelingen dieses Buches geleistet hat.
Wer mehr über deutsche Sagen erfahren möchte, kann unter **www.cryptoneum.de** auf die Suche gehen. Bleiben Sie wissbegierig, denn nur so werden Sie *Verborgenes entdecken*.

Dr. Hartmut Schmied
CRYPTONEUM Legenden-Museum Rostock

Symbole

KULTURERBE

Burgen und Schlösser

Wachtürme, Burgruinen

Kirchen und Klöster

Kapellen

Kreuze, Bildstöcke, Gedenksteine, Friedhöfe, Flurdenkmäler

Vorgesch. Denkmäler, Hünen- und Hügelgräber

Häuser, Gasthäuser, Mühlen, Baudenkmäler

Standbilder, Reliefs, Skulpturen, Gemälde, Wahrzeichen

Wappen

NATURERBE

Naturdenkmäler: Inseln, Steine, Felsen und Berge

Hervorragende Bäume, Wälder

Quellen

Flüsse, Seen und Wasserfälle, Moore

Höhlen und Grotten

Bitte beachten: Diese grobe Einteilung beinhaltet Überschneidungen, z.B. bei Steinen, die durch Menschen bearbeitet oder versetzt wurden.

Altenkirchen (Lkr. Vorpommern-Rügen)

A

Die Prophezeiungen des Swantewit-Priesters

Im Zentrum von Rügens nördlichster Halbinsel Wittow liegt die Gemeinde Altenkirchen mit einer der ältesten Kirchen des Ostseeraumes aus der Frühzeit der Christianisierung. Seit 1168 wurde unter dänischer Herrschaft das Christentum auf die Insel gebracht. Altenkirchen wurde später durch seinen Dichter und Pfarrer Gotthard Ludwig Theobul Kosegarten (1758–1818) und dessen Briefwechsel u.a. mit Goethe, Schiller und Humboldt bekannt.

Um 1200 entstand die spätgotisch umgebaute Kirche, von der noch der romanische Chor erhalten ist. Sieben kleine archaische Maskenköpfe, Konsolsteine des Schmuckfrieses, blicken auf den umgebenden Friedhof. In der südlichen Vorhalle ist der berühmte »Swantewit-Stein« querliegend eingemauert. Dieser slawische Grabstein soll aus der Zeit vor 1168 stammen.

Der Granitbildstein zeigt das Relief eines bärtigen Mannes mit einem großen Trinkhorn in den Händen – der Legende nach der Hauptgott der Rügenslawen Swantewit. Die Darstellung des Mannes mit Trinkhorn und nur einem Gesicht (Swantewit hatte vier Gesichter) lässt eher auf den Tempelpriester des slawischen Heilig-

»Swantewit-Stein«, ein slawisches Bildwerk in der Kirche von Altenkirchen

tums von Arkona schließen. Von diesem wird berichtet, dass er alljährlich nach der Ernte das Trinkhorn des hölzernen Götzen Swantewit benutzte, um daraus die Ernte des kommenden Jahres vorherzusagen. Dazu goss er Met in das Horn. Verringerte sich der Honigwein bis zum nachfolgenden Tag, war dieses ein schlechtes Zeichen. Der Priester mahnte dann zur Sparsamkeit. Blieb der Flüssigkeitspegel konstant, so war mit einer guten Ernte zu rechnen. Nach jedem Gebet durfte der Gottesdiener das Horn leeren.
An der Nord- und Ostwand der südlichen Kirchenvorhalle sind Ritzzeichnungen auf den Backsteinziegeln zu sehen. Sie ähneln Runen, den germanischen Schriftzeichen, die als Symbole in vorchristlicher Zeit bei magischen Handlungen wie Beschwörungen oder Orakeln Verwendung fanden. Als Stufe zur Vorhalle ist eine steinerne Vertikal-Sonnenuhr (um 1800) eingebaut. Der aus Kalkstein gefertigte Taufstein mit Köpfen in alle vier Himmelsrichtungen aus der Zeit um 1240 hätte den Namen »Swantewit-Taufstein« durchaus verdient.

→ Bergen, → Putgarten, → Röbel

Ankershagen (Lkr. Mecklenburgische Seenplatte)

Schliemanns sagenhafter Ankerplatz

Etwas südlich der Luftlinie Waren – Neubrandenburg liegt fast mittig das Dorf Ankershagen, das der Altertumsforscher Heinrich Schliemann (1822–1890) nahezu weltberühmt gemacht hat. Man

Heinrich Schliemann, Porträt der 1880er Jahre

Schliemanns Sagenwelt: Odysseus, Stich 1868

erreicht es über die Bundesstraße 192 ab Abzweig Penzlin nach wenigen Kilometern in Richtung Südwesten. Hier verbrachte der im mecklenburgischen *Neubukow* geborene Pfarrerssohn seit dem zweiten Lebensjahr acht Jahre seiner Jugend. Das Pfarrhaus, in dem er aufwuchs, steht gegenüber der Kirche und ist seit 1980 Heinrich-Schliemann-Museum.

Als Sechzigjähriger erinnerte sich Schliemann in seiner Autobiographie an das »Geheimnisvolle und Wunderbare« in Ankershagen. Der Archäologe unterstützte seine eigene Legendenbildung und stellte eine Verbindung zwischen den heimischen Sagen um Ankershagen und den griechischen Mythen Homers her. Angeregt durch die mecklenburgischen Sagen soll er hier im Elternhaus als Achtjähriger den Wunsch zur Ausgrabung von Troja geäußert haben.

Tatsächlich ist diese Gegend besonders reich an Sagen und der aufgeweckte Junge mag von den Abenteuern des Raubritters, der goldenen Wiege, dem Schatz in der Kirche, unterirdischen Gängen, dem Teich Silberschälchen und von der Entstehung seines Heimatdorfes zum Forscherdrang angeregt worden sein.

Die Entstehung des Namens von Ankershagen ist ein Gleichnis. Ein Schiffer von einem nahegelegenen See hatte wegen großer Armut seine Seele an den Teufel verkauft, worauf es ihm zunächst besser ging. Um den Vertrag einzulösen, trug der Teufel den Schiffer bei einem Sturm weit ins Land hinein. Der Seemann betete in seiner Angst und warf den Anker aus. Er fand Halt in der Kirche, genauer am Kirchendach. Als Dankeschön für die Rettung wurde das Dorf Ankershagen genannt und ein flacher Anker aus Metall an der Türinnenseite der Hauptpforte angebracht.Wahrscheinlicher ist aber die Ortsgründung durch einen Mann mit ähnlichem Namen.

Das Ensemble des Pfarrhauses mit Garten und der Dorfkirche lässt die Welt des jungen Schliemann besser verstehen. In der frühgotischen Feldsteinkirche finden sich Wandmalereien vom Teufel und dem Drachentöter sowie ein einst geheimer Turmgang. Von diesen Dingen wird der Junge beeindruckt gewesen sein. Auf dem Friedhof steht noch das eiserne Grabkreuz seiner Mutter Luise, die im 38. Lebensjahr starb. Dieses Kreuz hatte Schliemann vom fernen Petersburg aus in Auftrag gegeben.

Schliemann erzählte auch die bekannte Sage vom Ritter Henning Bradenkierl: Henning von Holstein war ein grausamer Raubritter, der in der Burg von Ankershagen seinen Wohnsitz hatte. Als er einen Überfall auf den mecklenburgischen Herzog plante, wurde dieser durch die Warnung eines Kuhhirten vereitelt. Der Ritter nahm grausame Rache an dem Verräter und warf ihn ins Kaminfeuer. Als der Kuhhirte um sein Leben kämpfte und aus den Flammen heraus wollte, stieß ihn der Raubritter mit dem Fuß zurück. Das soll ihm den Namen »Bradenkierl« (Bratenkerl) zugetragen haben. Nicht lange darauf wurde Henning Bradenkierl vom Herzog getötet, aber die Seele des Toten fand keine Ruhe. Immer wieder soll der Fuß des toten Raubritters bis zum Knie aus der Erde herausgewachsen sein, bis man schließlich das abgeschnittene Bein in der Kirche unter dem Altar bestattete.

Jungfräuliches Silberschälchen

Als Einleitung zu seiner Autobiographie aus dem Jahre 1892 schrieb der Forscher über Ankershagen: »In unserem Gartenhause sollte der Geist von meines Vaters Vorgänger, dem Pastor von Russdorf, ›umgehen‹ und dicht hinter unserm Garten befand sich ein kleiner Teich, das sogenannte ›Silberschälchen‹, dem um Mitternacht eine gespenstische Jungfrau, die eine silberne Schale trug, entsteigen sollte.« Bei Mondschein und nur zu Johannis (24. Juni) auch am Tage sollte die geheimnisvolle Frau erscheinen. Und da der Teich noch zu sehen ist, darf man weiter hoffen. Die Aufzählungen von den geliebten Sagen um Ankershagen bei Heinrich Schliemann haben bis heute für ihren Erhalt und ihre Verbreitung gesorgt.

Anklam (Lkr. Vorpommern-Greifswald)

Das Geheimnis des Hohen Steins

Über die südöstliche Ausfahrt der B109 in Anklam findet man den Hohen Stein in Fahrbahnnähe auf der westlichen Seite der Bundesstraße in Richtung Ducherow. Der massive, runde Turm mit pyramidenförmiger Spitze und Zinnenkranz hat keinen Eingang, keine Fenster und wird deshalb der Hohe Stein genannt. Schon die Feinde Anklams rätselten, wie der Wach- und Wartturm aus dem 15. Jh. zu seiner Besatzung kam. Der »Stein« ist zusammen mit dem flachen Erdwall der letzte Zeuge einer mittelalterlichen Landwehr, die Anklam großräumig bis an die Peene umschloss. Weil von der Südseite meist die Schweriner angriffen, wurde der Turm auch Schwerinsturm genannt.

Das Geheimnis der schnellen Besetzung mit Wachmannschaften lag im unterirdischen Gang, der im dann 1842 abgebrochenen Rathaus endete. Sobald der Wächter auf dem Turm die Feinde sah, zündete er auf der abgestumpften Pyramide ein qualmendes Feuer an und stieß in seine Trompete. Sofort liefen die Verteidiger durch den Gang in den Hohen Turm und verjagten von oben die Angreifer mit Feuerwaffen und Wurfgeschossen.

→ Schwerinsburg

Bad Doberan (Lkr. Rostock)

Hirsch und Schwan als Klostergründer

Die heutige Kreisstadt liegt an der B 105 zwischen Wismar und Rostock. Das Zisterzienserkloster mit dem Münster und die klassizistischen Gebäude der Stadt sind der größte Anziehungspunkt. Die altslawische Siedlung mit dem 1171 gegründeten Kloster entwickelte sich ab 1218 zum Marktflecken. Noch in der zweiten Hälfte des 18. Jh. lebten hier kaum hundert Leute. Seine Bedeutung erfuhr Doberan seit Ende des 18. Jh. als Moor- und Mineralbad unter der Regierung des Herzogs und späteren Großherzogs Friedrich Franz I. (1756–1837), der seine Sommerresidenz in Doberan hatte, während er im Winter von dem südlich der Hauptstadt Schwerin gelegenen Ludwigslust aus regierte.

Das erste deutsche Seebad *Heiligendamm* (Gründung 1793 am »Heiligen Damm bey Dobberan«) und die erste deutsche Pferderennbahn (1823) sowie der Klassizismus der »Weißen Stadt am Meer« sind diesem lebensnahen mecklenburgischen Herrscher zu verdanken. Im Jahre 1879 wurde Doberan Stadt, seit 1929 trägt es die Bezeichnung Bad. 1936 wurde Heiligendamm eingegliedert. Das Stadtwappen Doberans zeigt Hirsch, Bischofsstab (der Doberaner Abt durfte seit 1402 die bischöflichen Insignien tragen) und Schwan.

Der Hirsch ist das in der deutschen Städteheraldik am häufigsten verwendete Tier des Waldes. Er steht als Christussymbol für Tugend und Enthaltsamkeit. Dem weißen Schwan wird Reinlichkeit zugeordnet. Das Wappen ist eng mit der Entstehung der Kirche verknüpft, worüber man sich folgendes erzählt: Die Erbauer der

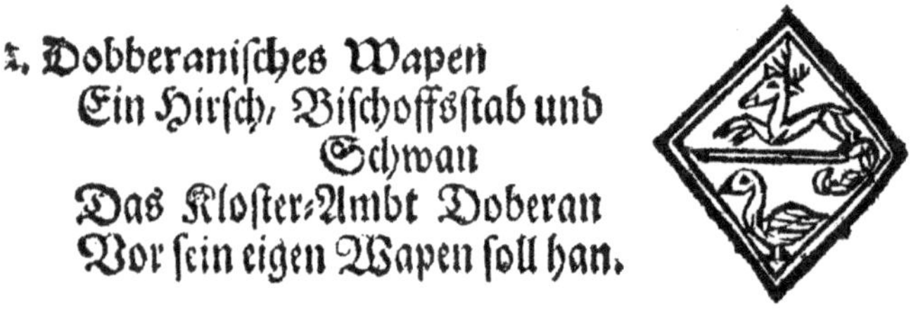

Wappen von Doberan, 1742

Kirche waren sich nicht einig, wo die zukünftige Kirche stehen sollte. Sie einigten sich vor einer Hirschjagd, dass dort, wo der erste Hirsch geschossen würde, die Kirche stehen solle. Es kam zum Schuss. Von der nun festgelegten Stelle flog ein Schwan auf, der mit dem Ruf »Dobber, dobber!« (slawisch: »gut«) eine weitere Empfehlung zum Bau der Klosterkirche gab.
Im Klosterpark erinnert ein Schwanendenkmal an dieses Ereignis. Der eichene, vierteilige Originalschwan aus dem 19. Jh. steht jetzt gegenüber dem legendären Hirschgeweih im Münster.
→ Heiligendamm

Das Doberaner Münster, 1856

Auf dem Boden der Tatsachen: Fabeltiere in Althof

Die eigentliche Geburtsstätte des Klosters Doberan ist *Althof*, der nächstgelegene Ort südöstlich der heutigen Kreisstadt, wo im Jahre 1171 zwölf Mönche aus dem niedersächsischen Zisterzienserkloster Amelungsborn das erste mecklenburgische Kloster gründeten. Die Althofer gotische Klosterscheune aus der Mitte des 13. Jh. gilt als das älteste erhaltene Profangebäude Mecklenburgs. Wegen eines Slawenaufstandes wurde die Anlage 1179 zerstört und der Sitz nach Doberan verlegt. Nur 200 m weiter steht mit einem mit-

telalterlichen Kern die 1886/88 durchgreifend erneuerte neugotische Kapelle, die vor allem durch Bezüge zum Doberaner Münster, z.B. bei den Fabeltieren der Fußbodenplatten, interessant wird. Dieser Bau wird als »das erste und älteste christliche Gotteshaus Mecklenburgs« beschrieben.
Das Doberaner Münster liegt inmitten der heute größtenteils aus Ruinen bestehenden, seit 1186 erneut aufgebauten Zisterzienser-Klosteranlage. Das Kloster Doberan war geistiges, kulturelles und wirtschaftliches Zentrum Mecklenburgs auch über seine Säkularisierung im Jahre 1552 hinaus. Das Münster war seit dem Jahre 1200 bis 1920 Hauptgrablege des bis 1918 regierenden mecklenburgischen Fürstengeschlechts.

Des Teufels Ding

Im Münster finden sich viele sagenumwobene Kuriositäten. Neben dem Gründungshirschgeweih am Hochaltar fallen vor allem der mittelalterliche mystisch-magische Bildzauber gegen das Böse auf. Ein Konsolstein am nördlichen »Totenportal« zeigt als Blattdekor Beifuß – ein Hexenkraut. Es ließ, als an die Füße gebundene Zauberpflanze, den Wanderer niemals müde werden. Man beachte den Namen! Beifuß im Hause hielt nach abergläubischen Vorstellungen den Teufel fern. Das Pentagramm darunter bekräftigt diesen Abwehrzauber. Der bronzene Löwen-Türzieher aus dem 14. Jh., ursprünglich außen angebracht, heute an der Sakristeitür, soll als niemals schlafender Wächter alles Böse von der Kirche fernhalten. Die schönsten Legenden jedoch ranken sich um die Glück bringende westliche Wange an der Südseite des Konversengestühls mit Mönch und Teufel im Dialog. Am Ende des 13. Jh. entstand die eichene Schnitzerei als Abwehrzauber und Warnschild vor dem mit seinen Verführungen allgegenwärtigen Teufel für die hier zum Gottesdienst vorbeiziehenden Konversen (Laienbrüder). Durch sein eigenes Abbild sollte ebenso der Teufel erschreckt werden. Die Anwendung Weißer (guter) Magie in der Kirche war zu dieser Zeit legitim. Der Hornaufsatz des Teufels scheint dem mecklenburgischen Wappentier entlehnt. Im Dialog gibt der Teufel auf dem Spruchband dem Mönch zu verstehen: »Bruder, was machst Du hier, komm mit mir!« Die Antwort des vorbildlichen Konversen: »An mir wirst Du nichts Böses finden, Du widerliche Bestie!« Nur drei überlieferte Bezüge sollen genannt werden. Erstens: Das Streicheln (von Hörnern und Schwänzchen) bringt Glück. Zweitens: Der Teufel sagt angeblich »Komm mit in den Krug – in der Kirch sind genug!« Und drittens: die derbe Variante – Teufel zum Mönch, dessen Rockzipfel mit Blick auf sein eigenes Schwänzchen hebend: »Hast Du auch so 'n Ding?«

→ Heiligendamm

Bad Sülze (Lkr. Vorpommern-Rügen)

Großmutters Zeit verging wie im Pfluge

Geht der Finger auf der Landkarte von *Ribnitz-Damgarten* in südöstlicher Richtung die auffällig stark gekrümmte Recknitz entlang, so kommt man nach Bad Sülze. Von Rostock aus erreicht man das Städtchen per Auto über die B 110 bis Sanitz und von dort weiter auf der Landstraße in Richtung Osten. Das Flüsschen Recknitz fließt an der Ostseite Sülzes vorbei und ist über diese Straßenausfahrten zu erreichen.

Sülze wurde 1262 erstmalig als Stadt erwähnt. Die Saline zur Salzgewinnung war schon seit 1243 schriftlich fixiert. Seine höchste Salzproduktion erreichte das mecklenburgische Städtchen während der Kontinentalsperre 1807/13. Für die Feuerung spielte die Torfmoorproduktion (mit Torfschichten bis zu zehn Metern) eine große Rolle. 1907 wurde die Salzproduktion eingestellt. Heute befindet sich das Salzmuseum im früheren Salzamtsgebäude aus dem Jahre 1759.

In den 1950/60er Jahren verkürzte man die Recknitz zwischen *Laage* und *Marlow* durch Meliorationsarbeiten von 122 auf 69 km. Die Renaturierung des Landschaftsschutzgebietes Recknitztal erfolgte dann in den 1990er Jahren. So auch die Wiederherstellung der Talmoorflächen mit ihrer durch Schleifen und Bögen kurvigen und träge fließenden Recknitz. Dass die Recknitz so schief und krumm ist, führt der Volksmund auf die Erschaffung der Erde zurück. Dabei soll der liebe Gott aus Zeitnot neben den Engeln auch den Teufel zur Arbeit herangezogen haben. Dieser spannte dann seine Großmutter vor den Pflug, um das Flussbett der Recknitz auszuheben. Bei der Hitze wurden die Fliegen und Bremsen besonders lästig und des Teufels Großmutter hüpfte ständig hin und her. Dadurch hat sie Spuren bis in unsere Zeit hinterlassen, die nun wieder zu Ehren kommen.

Barth (Lkr. Vorpommern-Rügen)

Auferstehung der Barthstadt Vineta

Die Vineta-Stadt Barth liegt als »Tor zum Darß« zwischen *Ribnitz-Damgarten* und *Stralsund* nördlich der Bundesstraße 105, die man bei *Löbnitz* verlässt. Im Jahre 1999 erhielt der Ort die offizielle Bezeichnung »Vineta-Stadt Barth«, nachdem der Bürgermeister zuvor das sagenhafte »Vineta« als Marke für die Stadt schützen ließ. Ein knappes Jahr zuvor bekam das »Vineta-Museum« seinen Namen.

Am Stadthafen südlich des Barther Boddens erinnerte von 1998 bis 2005 der »Vineta-Blick« – eine mehr als mannshohe, schmale Palisadenwand – an die wissenschaftliche Wiederentdeckung der berühmten, vor etwa eintausend Jahren untergegangenen, Stadt bei Barth. Seit 2005 steht dort stattdessen eine Holzsäule des Künstlers Tobias Bork im Stile der Götter-Idole der Slawen

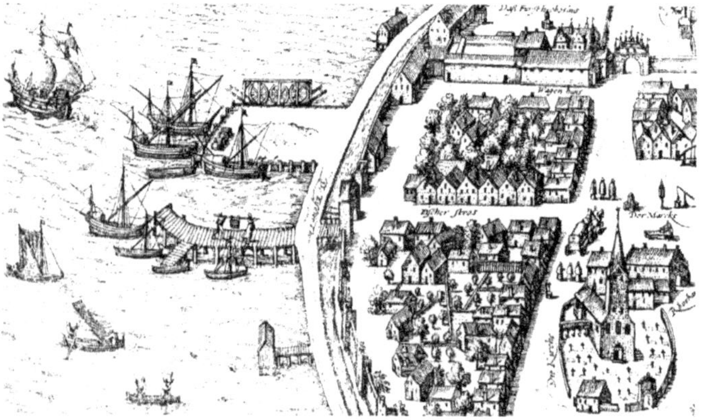

Barther Stadthafen. Stich, 1590

zum Gedenken an die einst slawische Stadt Vineta. Der Sage nach liegt Vineta, das bei einem Sturm, kriegerischen Auseinandersetzungen oder Deichbrüchen untergegangen sein soll, bei Usedom. Seit den 1950er Jahren grub der polnische Archäologe Prof. Wladislaw Filipowiak (1926–2014) eine große slawische Siedlung in Wolin bei Szczecin (Stettin) aus, die als wiedergefundenes Vineta gilt. 1998 wurde die These der Berliner Wissenschaftler Dr. Klaus Goldmann und Günter Wermusch bekannt, wonach die legendäre Stadt bei Barth gelegen haben soll. Die jährlichen Barther Vineta-Festtage im Sommer erinnerten seit 1999 an die Sage, nach der die alte Stadt wegen ihrer Verschwendungssucht untergegangen sein soll.

→ Groß Raden, → Prillwitz, → Usedom, → Zinnowitz

Die Wundereiche als Heiler

Im Barther Stadtforst steht die vielleicht einzige noch erhaltene, sich wohl im Sterben befindliche, sagenhafte Wundereiche des Landes. Sie ist erreichbar über den Stadtausgang Barth in Richtung Westen zum Darß. Statt rechts auf die Halbinsel zu fahren, geht es noch einige Meter weiter, um dann nach links in Richtung *Planitz* abzubiegen. Ein Fußmarsch in das Barther Stadtholz entlang des südwestlichen Hauptwegs führt schon bald zur ausgeschilderten Wundereiche. Solche Wundereichen (manchmal auch Buchen) standen in den vergangenen Jahrhunderten in großer Zahl im Lande. Die häufigen mit diesen Wundereichen verbundenen Heilungen bei Leiden wie Rheuma, Gicht oder Lähmungen werden erklärt durch den psychischen Wunder-Effekt und die Willensanstrengung beim Ersteigen.

Bei der Barther Eiche, von der ein Foto aus den 1920er Jahren erhalten ist, gab es das seltene Verwachsen des Hauptstammes mit einem Ast. Dadurch bekam der Baum eine Öffnung, durch die der Heilungssuchende hindurch musste. In etwa drei Meter Höhe war unterhalb der Öffnung eine Plattform angebracht, auf die man über eine Leiter kam. Wegen der meist schnellen Heilung sollen bis zu fünfzig Krücken gleichzeitig im Baume gehangen haben. In der zweiten Hälfte des 19. Jh. soll die Heilkraft der Eiche schon versiegt sein. Als Grund wird erzählt, dass ein Schä-

Wundereiche bei Barth. Foto, 1926

fer seinen kreuzlahmen Hund durch das Loch geschickt hatte, das den Menschen vorbehalten war. Auch die Öffnung hat sich seitdem verkleinert.

Bergen (Lkr. Vorpommern-Rügen)

Stein der weisen Ideen

Bergen ist als Kreisstadt das politische, wirtschaftliche und geografische Zentrum der Insel Rügen. Seit dem 12. Jh. befestigter Handelsplatz, erhielt Bergen erst 1613 das Stadtrecht. Der Name der Stadt weist auf ihren Standort hin. Am Südhang des 91 m hohen Berges, dem Rugard, entstand der Ort vermutlich aus zwei Siedlungen. Das älteste bauliche Zeugnis für die Christianisierung der Insel durch die Dänen ist die Marienkirche von Bergen. Nach der Eroberung Rügens durch den Dänenkönig Waldemar III. im Jahre 1168 legte Fürst Jaromar I. von Rügen (1168–1218) als dänischer Lehnsherr 1180 den Grundstein für die Kirche. Bald erfolgte die Gründung eines Benediktinerklosters (ab 1215 Zisterzienserinnen). St. Marien wurde 1193 zur Stiftskirche geweiht. Die teils spätromanischen Totalausmalungen nach Befunden des 19. Jahrhunderts gelten in ihrer Einheitlichkeit als einmalig für Norddeutschland. Durch die Reformation eingeleitet, war die Klosteranlage von 1539 bis 1945 ein adeliges Damenstift. Beide heutigen Stiftsgebäude wurden 1732 gebaut.

Eines dieser Häuser beherbergt das Stadtmuseum Bergen mit Ausstellungen über das Kloster und die Slawengötter.

Das wahrscheinlich älteste Stück der Kirche ist der »Mönch«- oder »Nonnenstein«. Dieser slawische Bildstein aus Granit befindet sich am nördlichen Fuß der Westseite des Kirchturmes. Nur zwei slawische Bildsteine gibt es auf Rügen – diesen und den in *Altenkirchen*. Die Figur auf dem Stein steht mit weitem Mantel zu ebener Erde und trägt eine nach oben zugespitzte Kappe.

Die Herkunft des Granitsteines ist umstritten. Mindestens vier Varianten existieren: Ursprünglich deutete man dieses Bild ähnlich dem Stein in Altenkirchen als den Wendengott Swantewit. (Variante 1) Der slawische Gott hat aber eigentlich vier Köpfe. Variante 2:

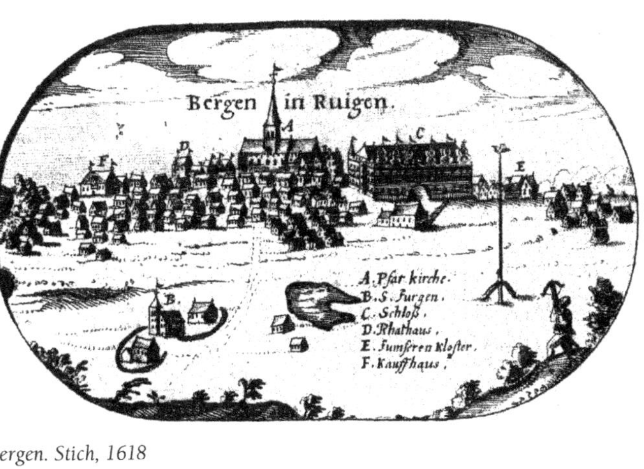

Bergen. Stich, 1618

Der Sagenerzähler Temme sah in seiner Sammlung aus dem Jahre 1840 »ein altes steinernes Bild eines Mönches, der ein Crucifix in der Hand hält«. Ein Mönch des ersten Benediktinerklosters stand hier wohl Pate. Dieser Mönch oder eine Nonne (Variante 3) des späteren Zisterzienserinnenklosters sollen hier als Mitbegründer begraben worden sein. Dagegen spricht die als gesichert geltende slawische Fertigung des Bildsteines in einer vorchristlichen Zeit ohne Mönche und Nonnen. Die modernere vierte Variante klingt glaubwürdiger: Danach handelt es sich um den Grabstein des zum Christentum bekehrten slawischen Klostergründers Fürst Jaromar I. von Rügen. In der linken Hand der Steinfigur kann ein Kreuz erahnt werden, das möglicherweise im Nachhinein gegen das dort ursprünglich vermutete slawische Trinkhorn »ausgetauscht« wurde. Über der rechten Hand scheint ein Stück (das Horn?) herausgemeißelt worden zu sein. Am sekundären, spätmittelalterlichen Standort wurde der zum Christentum Bekehrte als Denkmal und Vorbild sozusagen als Vor-Bildstein für die Ewigkeit eingemauert. Auch für die Frage, warum der Gedenk- oder Grabstein gerade dort am Kirchturmfuß plaziert wurde, hält die Sage eine Antwort bereit: Der Baumeister der Kirche hat den Standort für den Stein so berechnet, dass sich die Spitze der »Mönchskappe« mit der Spitze der Marienkirche zu *Stralsund* in genau gleicher Höhe befindet.
→ Altenkirchen, → Putgarten

Von Mägdesprung und Schürzenjagd

Den »Mägdesprung von Rügen« (Pendant liegt im Harz) findet man östlich der Bergener Innenstadt unweit der höchsten Erhebung des Berges Rugard. Bester Ausgangspunkt ist der stadtbekannte 26 m hohe Ernst-Moritz-Arndt-Turm. Der Denkmals- und Aussichtsturm wurde 1869/78 zu Ehren des auf Rügen geborenen pommerschen Dichters, Schriftstellers und Kämpfers gegen die napoleonische Fremdherrschaft, Ernst Moritz Arndt (1769–1860), gebaut. Der sagenumwobene Stein liegt nur etwa 500 m in nordwestlicher Richtung entfernt. An Weggabelungen ist er ausgeschildert.

Bis 1830 war der mächtige slawische Burgwall, auf dem sich Turm und Mägdesprung befinden, völlig unbewaldet. Seitdem wurde der

Berg unter Fürst Malte von Putbus als Park aufgeforstet. In dieser Zeit wurde (um 1840) die Sprungsage aufgeschrieben. Sie erklärt die Abdrücke von Fuß und Peitsche im »Mägdesprung«-Stein. Auf dem Rugard ging des öfteren ein Junker auf »Schürzenjagd«. Einmal traf er bei diesem Stein eine Jungfrau, die er sogleich mit seinen obligatorischen Liebesschwüren betörte. Um sich vor dem Schürzenjäger zu retten, sprang das Mädchen in seiner Angst vom Stein in das Tal. Der wütende Jungritter schlug daraufhin mit seiner Peitsche auf den Sprungstein. Zwei Wunder geschahen: Das vergängliche – die junge Frau kam unversehrt im Tal an. Das unvergängliche – ihr Fußabdruck und die Spur des Peitschenschlages blieben erhalten.

Boitin (Lkr. Rostock)

Das Stonehenge von Mecklenburg

Der Boitiner Steintanz (nach dem Reigen- oder Kreistanz) gilt als das »Stonehenge« von Mecklenburg. Von Sternberg aus fährt man in nördlicher Richtung an Groß Raden vorbei. Im Forst zwischen *Diedrichshof* und Tarnow liegt auf halber Strecke an der höchsten

Der Steintanz im Boitiner Gehege

Stelle der berühmte Steintanz. Da es drei größere (Durchmesser 7–12 m) Kreise und ein kleiner Kreis (etwa 150 m südöstlich der großen Kreise) sind, wird die Anlage auch »Boitiner Steintänze« genannt. Hartnäckig hält sich die These von einer 3000 Jahre alten Sternwarte, die schwerlich zu belegen sein wird, da über die Jahrtausende die Steine wohl ebenso wie die in Stonehenge verschoben wurden.
Der auffälligste Stein dieser alten Kult- oder Begräbnisstätte aus der vorrömischen Eisenzeit hat dreizehn Einkerbungen und wird die »Brautlade« genannt. Alle Steine zusammen sind der Legende nach eine versteinerte Hochzeitsgesellschaft mit Kutsche und Brautlade. Wie bei Steinverwandlungen üblich, wurde auch hier ein Frevel begangen. Die ausgelassene Hochzeitsgesellschaft kegelte zum späten Abend mit Würsten und Broten. Zur Strafe wurde sie von einer alten Frau in Stein verwandelt. Jedes Jahr zum Johannistag (24. Juni) hängt ein roter Lebensfaden zur versteinerten Welt aus der »Brautlade« heraus. Wer ihn mutig zur Mittagszeit herauszieht, kann den Schatz, der in der Lade verborgen sein soll, heben.
→ Spornitz

Boizenburg (Lkr. Ludwigslust-Parchim)

Handlanger des Todes

In der westlichen Ausbuchtung des mecklenburgischen Landkreises befindet sich am Ufer der Elbe die Stadt Boizenburg. Sie bekam in den 1930er Jahren den Namen »Klein Venedig«, da bis heute mehr als vierzig Brücken über Wallgräben führen. Von der A 24 kann man den Abzweig *Zarrentin* nach Süden auf die Bundesstraße 195 fahren und ist schon vor den Toren der Stadt.
Auf dem Marktplatz der im 12. Jh. bei einer Burg angelegten Kaufmannssiedlung lag bis 1937 ein bedeutsamer Stein. Er wurde aus dem Straßenbelag des Marktplatzes genommen und kam ins 1935 gegründete Heimatmuseum. Im Museum am Kirchplatz liegt nun mittlerweile eine Nachbildung des »Steines mit der ausgehauenen Hand« von etwa 30 cm Kantenlänge. Um 1860 hatte die in den Stein eingedrückte Hand drei Finger, eine Postkarte aus den

1920er Jahren zeigt auf dem Stein sechs Finger, die auch heute wieder zu sehen sind. Es scheint, als würde der Stein die Sage, die im 18. Jh. spielt, selbst weiter erzählen wollen.
Kurz vor seiner Hinrichtung sagte ein wegen eines Verbrechens angeklagtes Mädchen, wenn es seine Hand in den Stein drücken könne, sei dies ein Gottesurteil, dass es unschuldig sei. Es zeigte sich daraufhin ein Händeabdruck auf dem Stein. Die Richter ließen sie trotzdem hinrichten. Seitdem ist die Hand auf dem Stein tief eingedrückt, als Beweis für die Unschuld des Mädchens. Ein anderes schönes Boizenburger Mädchen brachte ein uneheliches Kind zur Welt. Die zu erwartende Schande ließ die Mutter schnell handeln. Sie tötete das Neugeborene. Beim Verbrennen der Leiche wurde sie erwischt und musste nun selbst auf dem Marktplatz durch das Schwert sterben – dort, wo der Stein mit der Hand lag. Der abgetrennte Kopf biss sich dann im Gewand eines Richters fest. Seitdem gab es im Ort keine Hinrichtungen mehr, das barbarische Tun war den Beteiligten bewusst geworden. Nach den städtischen Scharfrichterakten hat die Hinrichtung des Mädchens im Jahre 1729 stattgefunden. Im Sommer 2008 wurde am südwestlichen Rand des Marktplatzes eine Nachbildung des Hand-Steines eingesetzt.

Boizenburg, Wallpavillon. Federzeichnung, 1907

»Es lebe die Gänsefreiheit« – Gänserevolution 1795. Zeichnung, 1927

Bützow (Lkr. Rostock)

Ein gans merkwürdiger Krieg

Viele Landstraßen führen in das einstige Universitätsstädtchen Bützow (1760 bis 1789), das etwa 40 km südlich von Rostock liegt. Vor dem Rathaus, 1847/49 im Stil der Tudorgotik errichtet, steht ein bronzener Gänsebrunnen aus den Jahren 1992/94.
Er erinnert, wie auch eine Abteilung im Museum der Stadt, an den merkwürdigen »Gänsekrieg« aus dem Jahre 1794, der in der Novelle von Wilhelm Raabe »Die Gänse von Bützow« seinen literarischen Niederschlag fand. Jährlich wird während der »Gänsemarkttage« dieses Ereignisses gedacht. In Bützow war es altes Gewohnheitsrecht der Stadtarmut, Gänse zu halten und sie frei in der Stadt laufen zu lassen. Ende des Jahres 1794 drohte der Magistrat, dass die Tiere fortan in den Ställen zu halten seien. Freilaufende Tiere würden gepfändet. Was auch geschah. Da die Verdienstmöglichkeiten durch die ausbleibende Gänsezucht beschnitten wurden, rebellierten die Bützower. Fast die Hälfte der etwa 1800 Bürger befreite daraufhin die Gänse unter dem Schlacht-Ruf »Es lebe die Gänsefreiheit!« 1795 wurden der Anführer der Gänserevolution auf Betreiben des Bürgermeisters zu einem halben Jahr Zuchthaus sowie weitere Bürger zu geringeren Strafen verurteilt. Erst 1799 wurde das zeitaufwendige Verfahren niedergeschlagen. Noch heute sind die Bützower stolz auf ihre aufrührerischen Vorfahren.

Burg Stargard (Lkr. Mecklenburgische Seenplatte)

Romeo und Julia in Mecklenburg

Nur wenige Kilometer von *Neubrandenburg* entfernt liegt das Städtchen Burg Stargard. Die Burg ist von solcher Bedeutung, dass Stargard seit 1929 die Bezeichnung Burg im Namen trägt. Es ist die nördlichste Höhenburg Deutschlands und der älteste Profanbau in Mecklenburg-Vorpommern. Die um 1250 durch brandenburgische Markgrafen erbaute Höhenburg wurde 1348 mecklenburgisch. Fast 50 m tiefer liegt die Kleinerstadt, die 1259 altbrandenburgisches Recht verliehen bekam. Vergleichbar mit Rom ist die Stadt von sieben Hügeln umgeben. Besonders bei der Burg, die auch das Museum der Stadt beherbergt, sind viele Legenden angesiedelt.

Vor der Burg führt der Jungfernbrunnensteig entlang. Er erinnert an eine tragische Romeo-und-Julia-Liebesgeschichte der slawischen Fürstentochter, die in der Burg zu Hause war. Unerlaubt wollte sie sich vor der Burg am Brunnen mit einem schönen Ritter treffen. Dort wurde sie von einem angeschossenen Wildschwein angegriffen, konnte flüchten, musste aber ihren Mantel zurück-

Die Burg Stargard. Lithographie, 1845

lassen. Der eintreffende Ritter sah den vom Schwein zerwühlten Mantel und vermutete den Tod seiner Geliebten. Er stürzte sich in sein Schwert. Als die Prinzessin zurückkam, sah sie den Toten und tat es ihm gleich. An ihrem Sterbeort bei den Linden wurden sie beigesetzt. Der Jungfernbrunnen bekam seinen Namen und der Stargarder Bach trägt seitdem den ungewöhnlichen Namen »Linde«.

Für etwa ein Siebtel der Menschheit bietet das Untere Burgtor, ein besonderes, sagenhaftes Erlebnis. Nur Sonntagskindern soll an ihrem Geburtstag, wenn er mal wieder auf einen Sonntag fällt, kurz vor Mitternacht das Glück hold sein. In einer tiefen Mauernische neben der Toreinfahrt des Unteren Burgtores zeigt sich ihnen auf der Torinnenseite zur Geisterstunde eine Wiege, besetzt mit funkelnden Edelsteinen. Die Erscheinung verschwindet, sobald man danach greift. Bis zum nächsten Sonntagsgeburtstag soll man darüber schweigen, was die meisten Sonntagskinder auch tun.

Unteres Tor der Burg Stargard. Foto: Hartmut Schmied

Dalwitz (Lkr. Rostock)

D

Riesensauerei

Zwischen *Tessin* und *Gnoien* biegt man von der Bundesstraße 110 beim Dorf Basse in südlicher Richtung nach *Walkendorf* und Dalwitz ab. Zwischen beiden Dörfern liegt auf etwa halber Strecke rund 1,5 km östlich der Landstraße ein großer Findling eingezäunt unter einer Buche auf dem Feld. Einst soll ein wütender Riese von Dalwitz aus den Stein gegen die Walkendorfer Kirche geworfen haben. Das misslang, denn die Kirche steht heute noch. Der Stein prallte gegen einen Hügel und flog ein Stück zurück. An dieser Stelle, etwas nördlich des Steines, ist das große Loch noch heute im Erdboden zu sehen.

Steinwurf des Riesen

Kriegerischer Burgfrieden

Dem Gutshaus Dalwitz, umgeben mit einem Wassergraben, sieht man die mittelalterliche Wehrhaftigkeit noch an. Seit 1349 ist das Land im Besitz des Adelsgeschlechtes Bassewitz. Die beiden Wildschwein-Figuren am Portal deuten auf das Familienwappen. Der »Basse« ist in der Jägersprache ein starker Keiler. Das ursprünglich um 1720 im Barockstil erbaute und 1855 in den Tudorstil umgebaute Gutshaus steht, so weiß es auch die Sage zu berichten, auf

Der »Basse«, ein starker Keiler, ist das Wappen der von Bassewitz, 1669

den Mauern der alten Wasserburg. Statt einer hölzernen Zugbrücke führt nun eine massive Steinbrücke über den Wallgraben. Der Walkendorfer und der Dalwitzer Ritter lagen in mittelalterlicher Zeit stets im Streit.

Der Walkendorfer aus dem größeren Kirchdorf war an Mannschaft dem Dalwitzer überlegen. Der aber zog sich immer wieder in seine geschützte Burg zurück und dann die Zugbrücke hoch. Der Walkendorfer soll daraufhin in 17-jähriger Bauzeit an seinem See eine ähnliche Burg gebaut haben, von der als »Burgwarteberg« nur noch ein überwachsener Hügel vorhanden ist. Für seine Liebe zur Tochter des *Lühburger* (nördliches Nachbardorf) Ritters verschenkte der Sohn des Walkendorfers die Burg an den Schwiegervater. Die Liebe hatte Bestand, Walkendorf aber verfiel. Heute erinnert die imposante Gutsanlage Dalwitz an diese mittelalterliche Zeit.

→ Hohen Luckow

Demmin (Lkr. Mecklenburgische Seenplatte)

Lohnenswerte Schlangenküsse

Die ehemalige Hansestadt Demmin (von 1283 bis 1607) liegt im »Dreistromland«. Hier münden die Flüsse Trebel und Tollense in die Peene. Auf den Fischreichtum (allein 35 von 43 Arten im Lande) ist man besonders stolz. Im 18. Jh. wusste man in einer

Chronik den Stadtnamen Demmin zu erklären. Die Stadt gehörte einst zwei Prinzessinnen. Die schworen sich: »Se is din und min!« (Sie ist deine und meine!)

Die alte Burg mit Ursprüngen aus dem 12./13. Jh. heißt schon lange »Haus Demmin«. Im Süden der Stadt liegt fußläufig die teils restaurierte mittelalterliche Burg in einem von der Peene umschlungenen Park. Unter der Ruine soll sich ein Saal mit Säcken voller Geld und Gold sowie mit kostbarem Schmuck befinden. Ein Junge hat bereits Teile davon holen können, wurde beim zweiten Mal aber von dem großen, schwarzen, unterirdischen Wachhund zerrissen.

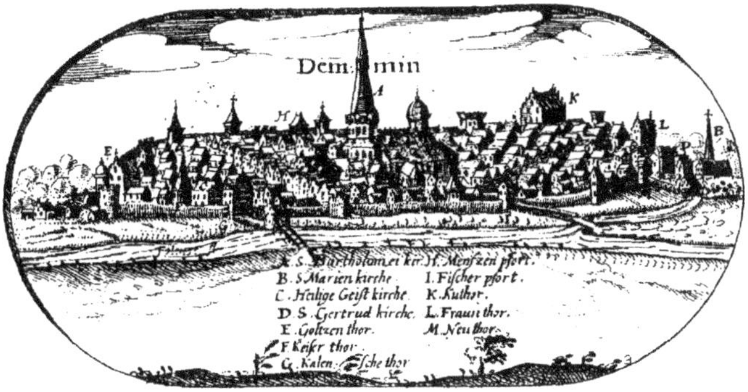

Demmin, um 1618

Alle hundert Jahre kann man bei Vollmond im Park von »Haus Demmin« eine weitere Mutprobe bestehen. Hier wohnen zwei verwunschene ehemalige Burgfräulein. Nur ein Fischer kann die dann als Schlangen erscheinenden reichen Jungfrauen mit einem Kuss auf den »Mund« erlösen. Bislang hatte erst ein Fischer diese Chance – und es sich nicht getraut. Es lohnt sich jedoch, da sie ihm unermesslichen Reichtum versprochen hatten.

Dobbin (Lkr. Rostock)

Der vergebliche Hufeisen-Trick

Dort, wo die Autobahn A 19 um den Alt Schweriner See einen Bogen macht, zweigt nördlich die Abfahrt *Linstow* ab. In westlicher

Richtung, vorbei an der Ferienanlage, stößt man auf das Dorf Dobbin. Der slawische Ortsname wird von »dob«, Ort des (Adligen) Doba abgeleitet. Die Kirche wurde 1860 umgebaut. Von dem neuen Schloss aus dem 19. Jh. steht nur noch das Kavaliershaus (heute Landschulheim). Das alte Schloss (»Oll Schlott« im Volksmund) ist nur noch als wasserumgebener Turmhügel und ehemals befestigter Hof erkennbar. Der Weg zum Krakower See ist ausgeschildert. Die Einheimischen sind dennoch eine Hilfe.Vor Ort befindet sich eine zeichnerische Rekonstruktion der Burgstelle »Oll Schlott«.
Mit diesem geheimnisvollen Ort ist die Geschichte der Familie von Barold verbunden. Sie hatte bereits 1347 Dobbin erworben, wohl schlecht gewirtschaftet und musste ihren Besitz während des Dreißigjährigen Krieges im Jahre 1627 verpfänden, durfte aber wohnen bleiben.
In dieser Zeit scheint auch das Schicksal der drei feindlichen Brüder angesiedelt zu sein, die alle in der Nähe wohnten. So auf der Alten Burg im Buchengehölz, auf dem Gute Dobbin und auf einem weiteren Burgwall. Wenn der Dobbiner ausritt, so ließ er sein Pferd mit umgekehrtem Hufeisen belegen. Seine Brüder mussten bei einem Ausritt glauben, er sei zu Hause. Als eines Tages der Bruder vom Alten Schloss in einen Krieg (wohl den Dreißigjährigen) ziehen musste, überfielen seine Brüder die Wohnanlage und brachten seine Familie um. Bei seiner Rückkehr legte er voller Verzweiflung einen Fluch auf die Anwesen seiner Brüder und ging in die Ferne. Pest, Kriegswirren und Brandschatzungen brachten tatsächlich viel Elend und Tod nach Dobbin. So starb die Linie der Barolds in Dobbin im Jahre 1746 aus. Das Alte Schloss verfiel.

Dömitz (Lkr. Ludwigslust-Parchim)

Todbringendes Trommelfell

Strategisch günstig an der Elbe liegt eine der besterhaltenen Flachlandfestungen Nordeuropas. Über die Bundesstraße 191 zwischen *Ludwigslust* und *Dannenberg* erreicht man Dömitz an der mecklenburgischen Grenze.

Erwachsen aus einer vor 1237 angelegten Burg, wurde diese 1559/65 nach italienischem Vorbild als Festung ausgebaut. Es ist ein regelmäßiges Fünfeck mit Bastionen und Wassergraben. Im 1953 gegründeten Museum der Festung Dömitz wird neben der Festungs- und Stadtgeschichte auch des mecklenburgischen Dichters Fritz Reuter (1810–1874) gedacht, der hier sein letztes Jahr politischer Festungshaft verbrachte. Im Festungsinnenhof, links vom Alten Zeughaus, verwehrt eine Gittertür den Gang unter die Erde. Bis zu 10 m hat man sich in jüngerer Zeit noch in die Tiefe getraut. Ein unterirdischer Gang soll hier seit Jahrhunderten von Dömitz unter der Elbe bis zur Burg ins hannoversche Dannenberg führen. Jedoch führt die zwei bis drei m tiefe Elbe reinen Sandboden, der ein Untergraben des Flusses kaum möglich macht. Es heißt, dieser Gang führte zum grundwassergespeisten Festungsgraben. Hier holte man wohl für die teilweise bis zu 80 Pferde der dann 250 Mann starken Garnison das Wasser, um Brunnenwasser für die Soldaten zu sparen.

Das Interesse an dem unterirdischen Gang, der zur Truppenversorgung angelegt worden sein soll, als dem Grafen von Dannenberg auch Dömitz gehörte, war stets groß. Immer wieder testete man, der Sage nach, den stickigen Gang auf Begehbarkeit. Der letzte

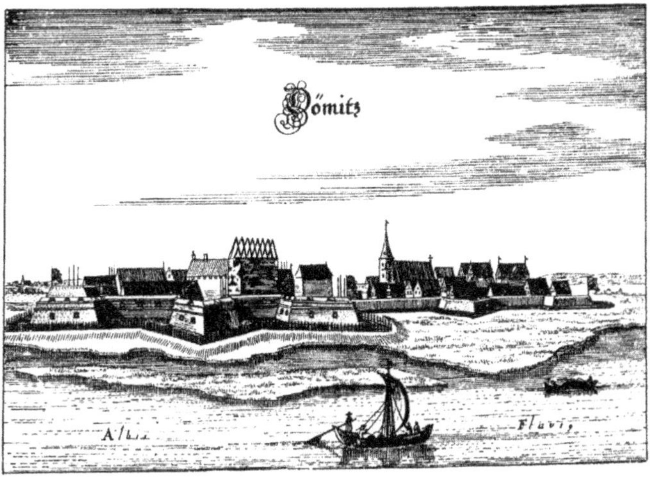

Die Feste Dömitz. Stich, 17. Jh.

Proband war zu Zeiten von Herzog Carl Leopold (1678–1747) ein Trommelschläger der Dömitzer Besatzung. Er war aus der Festungshaft wegen eines Vergehens gegen seinen Vorgesetzten geflohen, wurde aber jenseits der Elbe wieder eingefangen.
Zur Strafe musste er den unterirdischen Gang nach Dannenberg in vollem Paradeanzug antreten. Trommelnd ging er in die Tiefe und wurde oberirdisch von Soldaten begleitet, die nach dem Gehör die Richtung bestimmten. Bis etwa zur Hälfte der Strecke kam der Soldat, dann hörte das Trommeln auf. Sein Geist soll heute noch ab und an aus der Tiefe trommelnd zu hören sein.
→ Wismar

Dorf Mecklenburg (Lkr. Nordwestmecklenburg)

Namensgeber für ein Land

Kaiser Otto III. (980–1002) unterzeichnete am 10. September 995 eine Schenkungsurkunde, in der der Name »Michelenburg« erstmalig auftaucht. Er wird als deutsche Übersetzung von slawisch »viligrad« (große Burg) für den späteren Landesnamen Mecklenburg gedeutet. Der Burgname könnte auch von »mäkeln« (handeln, vermitteln; mittelniederdeutsch »mekelen«) abgeleitet sein. Da Zwischenhändler die Ware oft bemängelten, wurde seit dem 18. Jh. daraus »mäklig sein«, »herumnörgeln«.
Dorf Mecklenburg liegt südlich vor den Toren der Hansestadt Wismar an der Bundesstraße 106 nach Schwerin. In Kirchnähe befindet sich der mächtige Burgwall. Die Ausmaße des ovalen Ringwalles von mehr als 240 x 180 m bei einer Höhe von über 10 m macht deutlich, dass hier die Hauptburg des slawischen Stammes der Obodriten und der Sitz der Stammesfürsten lag. Der Holz-Erde-Wall war bis zu 13 m breit und ist heute noch gut begehbar. Bis Mitte des 14. Jh. wurde die Burg von Fürsten und späteren Herzögen genutzt, dann verfiel sie.
In den 1830er Jahren wurden hier bereits slawische Scherben gefunden, die das Interesse an der Archäologie verstärkten. Von 1856 stammt der Findlings-Gedenkstein »Burg Mecklenburg« auf dem Wall. Seit 1874 wird bis heute das Innere des Walls als Friedhof

Burgwall bei Dorf Mecklenburg. Stich, 1847

genutzt. Systematische archäologische Ausgrabungen stammen aus den Jahren 1967/71. Im Wallinneren sollen der Sage nach noch eine goldene Wiege und am Grunde der umliegenden Wiese eine kupferne Brücke ruhen. Bewacht werden die Schätze des »Schlossberges« vom Feuerreiter bzw. Schimmelreiter, der auch ein Übergreifen von Feuer auf das Burggelände verhindert.

→ Garz

Feldberg (Lkr. Mecklenburgische Seenplatte)

Auf Sand gebaut

Feldberg ist über die B 198 von *Neustrelitz* in Richtung *Woldegk* auf halber Strecke erreichbar. Nördlich von Feldberg liegt als Ortsteil das Dorf *Schlicht*. Die Burgruine Maledei findet man seit der Aufarbeitung des Komplexes 1996/97 von Gestrüpp umgeben und umrahmt von Weiden auf einer leichten Anhöhe nordwestlich des Dorfes. Der frühdeutsche Burghügel mit etwa 30 x 30 m Grundriss und rund 3 m hohen Steinresten grenzt an eine westlich gelegene Wasserfläche. Das Wasser wird dem Wehr- oder Wohnturm als umgebender »Schutzstreifen« wie auch zur Wasserversorgung gedient haben.

Spätestens seit 1773 ist mit diesem Bau der Begriff Maledei, manchmal verballhornt als Marodei bezeichnet, verbunden. Er soll wohl auch etwas Verfallenes beschreiben. Bekannt kommt uns das kaum noch gebräuchliche Wort »vermaledeien« vor. Darin steckt das lateinische Adjektiv malus für »übel, böse« mit dem daraus entstandenen italienischen Wort Malaria für »schlechte Luft, Sumpffieber«. Der französische Begriff Malheur heißt »Missgeschick, Unglück«. Maledeien steht für »fluchen« und vermaledeien heißt »verfluchen, verwünschen«. Es ist also ein verfluchter, übler Ort, den man besser, zumindest bei Nacht, meiden sollte.

Das musste einst ein Böttchermeister aus dem benachbarten Dorf *Cantnitz* spüren. Zwei Männer baten ihn im winterlichen Wald um Hilfe. Jedoch mussten Tätigkeit und Ort geheim bleiben. Er sollte guten Lohn für seine Arbeit bekommen und wurde mit verbundenen Augen in ein Gewölbe geführt. Hier musste er Böttcherarbeiten an mit Sand gefüllten Fässern verrichten. Als Lohn durfte er sich seine Taschen mit Sand füllen und wurde genauso in sein Dorf zurückgebracht. Am nächsten Morgen hatte er Gold in den Taschen. Seine Neugier führte ihn auf der Spur im Schnee zur ehemaligen Raubritterburg Maledei, an die er wegen des Dornengestrüpps aber nicht herankam. Zu Hause allerdings wurde er für seinen Wortbruch bestraft. Das Gold wurde wieder zu Sand.

Friedland (Lkr. Mecklenburgische Seenplatte)

Ein Fluch seit Uhrzeiten

Auf halber Strecke zwischen *Neubrandenburg* und *Anklam* liegt die Stadt Friedland. Hier steht nicht nur die größte Kirche von Mecklenburg-Strelitz, hier befindet sich noch eine »verfluchte« Kirchturmuhr. Als Grenzstadt erhielt Friedland (damals »Vredelant«) von den brandenburgischen Markgrafen Johann und Otto 1244 das Stendaler Stadtrecht. Die starke, schutzbietende Umfriedung, von der die Stadtmauer sowie zwei Tore noch stehen, gab der Stadt ihren Namen.

Die Stadt brachte es durch ihre Lage an Handelswegen zur Ostsee rasch zu großem Wohlstand. Die 90 m hohe, dreischiffige und elfjochige Marienkirche ist ein Beleg dafür. Im 15. Jh. erfolgte mit einer zweijochigen Erweiterung (auf elf Joche) eine Verlängerung der Kirche. Angeblich, um damit größer als die Neubrandenburger Marienkirche zu sein. Heute zeugt ein schräggestellter Strebepfeiler an der Nordseite vom früheren Abschluss der kürzeren Kirche.

Seit »Menschengedenken« gehört St. Marien zwar der Kirche, die Turmuhr aber ist Eigentum der Stadt. Ende der 1990er Jahre wurde je eine neue elektronische Uhr nach Osten und nach Westen eingebaut. Die alten Uhrwerke aus dem 18. Jh. liegen dahinter und blieben erhalten. Auf ihnen liegt möglicherweise noch der Fluch, den einst ein Ritter ausgesprochen hat.

Der damalige Besitzer des benachbarten Lübbersdorf lieh sich vor langer Zeit bei der Friedländer Stadtkämmerei Geld. Laut Vertrag hatte er es an einem bestimmten Tag bis Punkt zwölf Uhr zurückzugeben, ansonsten würden seine verpfändeten Ländereien an die Stadt fallen. Habgierige Friedländer stellten daraufhin den Zeiger um eine Stunde vor. Der Ritter stieß, als er die vermeintliche Verspätung bemerkte, wütend einen bösen Fluch auf die Kirchturmuhr aus, der sich sofort erfüllte. Die Uhr ging nur noch vor und konnte nicht mehr angehalten werden. Damals musste man das ganze Uhrwerk ausbauen. Erst mit neuer Mechanik lief die Uhr wieder richtig. Heute kann man durch Uhrenvergleich feststellen, ob der Spuk vorbei ist.

→ Neubrandenburg

Friedrichswalde (Lkr. Ludwigslust-Parchim)

Unsichtbare Hirschwanderungen

Östlich der Bundesstraße 192 zwischen *Warin* und *Brüel* nördlich von *Sternberg* befindet sich der Großlabenzer See. An dessem Südende liegt das Dorf Friedrichswalde. Folgt man dem Wanderweg mit der Markierung »Bronzener Hirsch«, so kommt man zu einem düsteren Ort mit dem baumumstandenen Mausoleum. Dieser wird von einem bronzenen Rothirsch »bewacht«, der selbst immer wieder mal verschwindet – man vermutet dann, dass er gestohlen wurde. Im Jahre 2007 wurde er tatsächlich Opfer eines Diebstahls. Der unwaidmännisch in Einzelteile zerlegte Hirsch wurde in einer Schweriner Schrottaufbereitungsfirma sichergestellt und restauriert. Im Frühjahr 2008 stand er dank Spenden wieder an seinem angestammten Platz.

Um 1860 entstand das nahegelegene Jagdschloss Friedrichswalde mit seinem Park. Ihre letzte Ruhestätte fanden im Mausoleum mit Hirsch aus dem Jahre 1910 der Generalkonsul Wedekind sowie seine Angehörigen. Der Bronzehirsch vor dem Bau wurde vom Berliner Bildhauer Louis Tuaillon (1862–1919) entworfen.

Eine noch junge Sage verbindet sich mit dem unheimlichen Ort. Während der Hirschbrunst wurde einst ein Besitzer des Gutes Groß Labenz von einem Hirsch tödlich angegriffen. Zur Erinnerung ließen die Nachkommen Mausoleum und Hirschdenkmal errichten.

Zum Jahreswechsel steigt jedes Mal um Mitternacht für eine (Geister-)Stunde der Hirsch von seinem Sockel und streift ruhelos durch sein angestammtes Revier. Mit dem ersten Glockenschlag springt er wieder auf seinen Platz und hat ein weiteres Jahr Ruhe. Nur die Spuren im Schnee deuten manchmal auf das nächtliche Ereignis.

Rothirsch – der Inbegriff eines Hirsches

Gadebusch (Lkr. Nordwestmecklenburg)

Wie die Kinder flöten gingen

Auch in Gadebusch findet sich wie in Hameln die Sage vom Rattenfänger. Die Stadt (seit 1225 lübisches Stadtrecht) liegt verkehrsgünstig im Straßenkreuz Wismar, Schwerin, Ratzeburg und Lübeck. Möglicherweise ist dadurch die Auswanderung von Ratten bzw. Kindern besonders glaubwürdig. Das Rathaus mit Gerichtslaube am Markt ist im Kern mittelalterlich, wurde aber durch Umbauten von 1618 geprägt.

Der Bürgermeister bestätigte einst im mittelalterlichen Gadebusch den Vertrag, dass der Rattenfänger für das Wegfangen aller Ratten eine bestimmte Summe Geld bekommen solle. Mit einer Flöte marschierte der Fänger vom Gadebuscher Markt ins südwestliche *Jarmstorf* (Richtung Ratzeburg). Er kam an das Flüsschen Radegast (nach dem Hauptgott des Slawenstammes der Obodriten), das heute noch diesen Namen trägt. Hier lief er über einen Steg und ließ alle Ratten im Wasser ersaufen. Der Lohn aber wurde dem Rattenfänger vom Bürgermeister verweigert. Daraufhin drohte dieser, er würde alle Kinder aus Gadebusch wegnehmen. Sofort holte er die Flöte heraus, pfiff und alle Kinder der Stadt liefen dem Geprellten hinterher. Als sie schon beim Ausmarsch waren, kam der Bürgermeister doch noch und zahlte die vereinbarte Geldmenge. Daraufhin pfiff der Rattenfänger erneut und schickte die Kinder nach Hause.

Meist wird die aus Hameln bekannte Wandersage mit den Kinderkreuzzügen der Ostexpansion im Jahre 1212 in Zusammenhang gebracht. Damals zogen wohl allein aus deutschen Landen etwa 20 000 Kinder ins Mittelmeergebiet zum Heiligen Land, um das Christentum zu verbreiten. Die meisten starben auf dem langen Weg.

Verschiedene Faktoren sind, so die anerkannteste Theorie, bei der Entstehung dieser Sage zusammengekommen. Mit der Kolonisation des Ostens, also auch Mecklenburgs, durch Deutsche aus dem deutschen Kerngebiet im 12./13. Jh. kamen »Kinder der Städte«, also Stadtbewohner, hierher. Vergleiche mit Ratten, die bei den üblichen Rattenplagen ebenso lästig wurden, drängten sich

möglicherweise auf. Rattenfänger waren ohnehin im ganzen Lande unterwegs. Der liebliche Flötenklang sollte nach dem damaligen Volksglauben Mensch und Tier anlocken. Bei den schlechten hygienischen Bedingungen der Städte konnte man nur durch Zauberkraft Herr der Probleme werden.
Bis in die heutige Zeit kommt einem der Sparzwang der Bürgermeister vertraut vor, so dass die Sage nie an Aktualität verlor. Doch der erhobene Zeigefinger ist unübersehbar: Vertraglich erbrachte Leistungen sind bei Strafe des Untergangs sofort zu bezahlen.

Der Rattenfänger

Galenbeck (Lkr. Mecklenburgische Seenplatte)

Treffpunkt Teufelsbrücke

Einige Kilometer südöstlich von *Friedland* liegt im Norden des Landkreises das über Landstraßen erreichbare Kirchdorf Galenbeck. Die gegenüberliegende Landzunge entstand wohl schon in der Eiszeit. Die Erdwall-Zunge im Naturschutzgebiet wird als Teufelsbrücke mit Teufelsinsel bezeichnet. Der See ist durch diese wahrscheinlich künstliche Erd- und Steinaufschüttung mit umgestürzten Baumstämmen in den nördlichen Obersee und den südlichen Untersee getrennt. Eine plausible Erklärung für die Entstehung des Knüppeldammes war nicht zu finden und so wurde der Teufel für den unvollendeten Bau verantwortlich gemacht.

Darüber berichtet die Sage: Einst blickte ein Schäfer in Galenbeck von seiner mageren Weide neidisch auf die fetten Weiden auf der gegenüberliegenden Seeseite. Mit lautem Fluchen bat er den Teufel, ihm einen Damm zu bauen, damit er mit den Schafen auf kurzem Wege hinüberkäme. Der Teufel hörte gern diesen Wunsch, verlangte aber als Gegenleistung die Seele des Schäfers. Um das Angebot verlockender zu machen, begehrte er nur die Schäferseele, falls er bis zum dritten Hahnenschrei am nächsten Morgen nicht mit dem Bau des Knüppeldammes fertig wäre.

Titelblatt der mecklenburgischen Schäferordnung von 1578

Teufel mit Hörnern als kriegerisches Symbol für Feindschaft

In der Nacht sah der Schäfer bei schlimmstem Gewitter, wie der Teufel mit seinen Helfern schon mehr als drei Viertel der Brücke fertiggestellt hatte. In seiner Verzweiflung bat er Gott um Hilfe. Und tatsächlich wurde sein Gebet erhört und es kam ihm die Erleuchtung. Schnell fütterte er in der Nacht seinen Hahn mit Hafer, der daraufhin dreimal krähte. Der Teufel glaubte, der Morgen sei angebrochen und hielt die Wette für verloren. Bescheiden blieb der Schäfer fortan an dem ihm vorbestimmten Platz.

→ Heiligendamm

Garz (Lkr. Vorpommern-Rügen)

Karenzzeit für einen Schatz

Rügens älteste Stadt Garz (seit 1313) liegt im Süden der Insel. Zu slawischer Zeit stand im damaligen Charenza eine mächtige Burg, die von einem Burgwall umgeben war, der in seinen Ausmaßen an den Wall der alten Burg Mecklenburg im heutigen *Dorf Mecklenburg* erinnert. Der begehbare, hohe Garzer Burgwall mit mehreren Zugängen liegt zwischen Stadt und Garzer See. In Garz zeigt das Ernst-Moritz-Arndt-Museum eine Ausstellung über das Leben des Universitätsprofessors, Dichters und politischen Publizisten (1769 bis 1860). Arndts Geburtshaus befindet sich nur wenige Kilometer südlich von Garz in *Groß Schoritz*. Auch er liebte den sagenumwobenen Burgwall.

Die Sage über »Die Götter in Carenza« ist so eng an die Beschreibungen des dänischen Chronisten Saxo Grammaticus angelehnt, dass man von zeitgenössischer Wahrheitsnähe ausgehen darf. Saxo, der die dänischen Eroberungen und die Christianisierung der Slawen beschrieb, wusste seit 1157 von Angriffen auf den Burgort Charenza zu berichten. Nach der Erstürmung des slawischen Haupttempels auf Rügen, Arkona, im Jahre 1168 zogen die Dänen kampflos in die Garzer Burg ein und zerstörten die Tempel.
Es wurden die Heiligtümer der slawischen Götter Rugivit, Porevit und Porenut niedergerissen, um die Slawen von der Machtlosigkeit ihrer Götzen zu überzeugen. Alle drei Götterabbilder sollen überlebensgroß aus Eiche gefertigt worden sein und hatten ihre eigenen Tempel. Der Kriegsgott Rugivit hatte sieben Gesichter, trug an seinem Gürtel sieben Schwerter und ein achtes drohend in der Hand. Möglicherweise war der Geschichtsschreiber auf den Kriegsgott besonders schlecht zu sprechen und berichtete: Unter dem großen Hut für alle sieben Götterköpfe der freistehenden Holzfigur nisteten die Schwalben, sodass Rugivits Gesicht fürchterlich mit Kot entstellt gewesen sein soll. Zumindest eine plausible Erklärung dafür, warum die alten Götter nun abgerissen wurden. Porevit, waffenlos mit fünf Köpfen, wurde als Gott des Wetters und der Natur verehrt. Der viergesichtige Porenut soll als Donnergott gewirkt haben.
Für die drei abgerissenen Tempel weihte Bischof Absalon von Ros-kilde 1168 den Baugrund für drei Kirchen im Garzer Umland. Eine dieser frühen Kirchen war vermutlich der Vorgängerbau der heutigen Stadtkirche St. Petri.
Im »Schlosswall« oder »Wallberg« wird ein Schatz aus heidnischen Zeiten vermutet. Nachdem das Heidenschloss von den Dänen vernichtet wurde, soll der alte König seine Schätze in einem unterirdischen Saal bis zu seinem Tode bewacht haben. Als der vom Hunger knochendürre König starb, wurde er in einen schwarzen, mageren Hund verwandelt, der weiter den Schatz bewachen muss. Nur um Mitternacht kommt er ab und an als graues Männlein an die Oberfläche.

→ Altenkirchen, → Dorf Mecklenburg, → Kirchdorf,
→ Putgarten

Gatschow (Lkr. Mecklenburgische Seenplatte)

Der Teufel ist auch nur ein Mensch

Wenige Kilometer südlich von Demmin, die Landstraße in Richtung *Tützpatz* und *Altentreptow* entlang, kommt man in das Dorf Gatschow. Tatsächlich ist der steinübersäte, als Weide genutzte, Wallberg ein so schöner Platz, dass er der Sage nach auch dem Teufel gefiel.

Dieses Naturerlebnis am Dorfrand ist der Eiszeit zu verdanken. Durch die Rückschmelze der Eismassen wurden Gerölle über die Gletscherbäche an diesem Wall angehäuft. Ein größerer Gneisblock aus Südschweden im Norden des Dorfes wird mit dem Teufel in Verbindung gebracht.

Der Teufel machte vor einigen hundert Jahren eine Reise zum Zeitvertreib und kam ins vorpommersche Gatschow. Sich auf dem Wallberg in der Sonne erholend, wurde er durstig und trank im naheliegenden Gasthaus acht Stunden lang starkes Bier. Beim Bezahlen wollte er dem Wirt nicht glauben, dass er soviel getrunken hätte. Wütend warf er das Geld auf den Tresen und flog nach Schweden davon.

Mit einem etwa zwei Kubikmeter großen, sattelförmigen Findling aus rötlichem Granit, der auf dem Wirtshaus landen sollte, flog er

Teufel mit Stein

nachts zurück. Doch die Demminer Turmuhr schlug gerade eins – da entglitt dem Teufel der Stein und fiel auf den Wallberg. Der Leibhaftige schlief dort auf einer Weide noch seinen Rausch aus, um sich dann nüchtern mit einem hohen Geldbetrag beim Wirt zu entschuldigen. Wenn er nicht gerade betrunken ist, so weiß man in Gatschow, sei der Teufel »ein ganz umgänglicher Kerl«.

Gingst (Lkr. Vorpommern-Rügen)

Die Kirche im Dorfe lassen

Das erstmalig 1232 erwähnte Angerdorf Gingst liegt an der Landstraße, die die Halbinseln Wittow und Ummanz miteinander verbindet. Über dieses Zentrum vorpommerscher Damastweberei vom 16. bis 19. Jh. informiert die Dauerausstellung des Museums »Historische Handwerkerstuben Gingst«.

Die Kirche St. Jacob inmitten des Ortes soll der Sage nach bereits die zweite Kirche am gleichen Standort sein. Die erste wurde danach schon zu Zeiten des slawischen Fürsten Jaromar I. (1168–1218) erbaut. Sie stand angeblich noch vor etwa 250 Jahren, bis ein Sturm sie in einen Schutthaufen verwandelte.

Die neue Kirche sollte im westlichen Nachbardorf *Volsvitz* erbaut werden, um dem Kirchspiel mehr Land und Leute zuzuschlagen. Der Abt zu Pudagla als Stifter der Kirche ließ vorsorglich das Bildnis des heiligen Jacobus auf dem naheliegenden Berg aufstellen. Am nächsten Morgen fand sich das Bild wieder in Gingst und wurde sofort auf den Berg zurückgebracht. Anscheinend wollte das »wandernde« Bild seine Kirche im alten Dorfe lassen und wiederholte die nächtliche Aktion weitere drei Male. An diesem, vom Jacobus-Bild gewählten, Platz steht heute die Gingster Kirche. Viele Kirchen hatten einen Vorgängerbau, und eine wunderbare Begründung für den Standort ist stets hilfreich. Der Chor von St. Jacob fällt baugeschichtlich in die Zeit um 1300. Das Langhaus kam um 1400, der Turm um 1450 dazu. Der zerstörerische Sturm ist nicht überliefert, gleichwohl eine Vielzahl von Bränden, die auch die Kirche beschädigten.

Auf dem Kirchhof an der Ostseite der Kirche steht eine umgearbeitete mittelalterliche Mordwange, die einst als (versöhnende) Sühne für einen Mord errichtet wurde. Im 18. Jh. wurde sie als Grabstein für zwei Mitglieder der ortsansässigen Gutsbesitzerfamilie von der Osten genutzt.

→ Grün-Kordshagen, → Pudagla, → Schaprode, → Schönberg, → Sülsdorf

Moderne Brandmalerei

Eine Vielzahl heimischer Sagen beschäftigt sich mit Stadtbränden, die in früheren Jahrhunderten oft ganze Straßenzüge oder Stadtteile betrafen. Dass man als Erinnerung an einen Brand im 20. Jh. ein Denkmal 26 Jahre danach im Dorfkern errichtete, ist ein gewiss seltener Fall. 1976 wurde der vom Stralsunder Bildhauer Hans-Peter Jaeger geschaffene Würfel aus bronzeartigem Spritzguss mit Szenen über Zerstörung und Wiederaufbau des Dorfes eingeweiht. Zuvor stand hier ein umstrittener Gedenkstein für die Opfer des Ersten Weltkriegs.

Bei dem Brand am 25. August 1950 wurden 33 Gebäude vernichtet. Im Haus des Pastors soll der Brand begonnen haben, heißt es. Man munkelt, dass es Jugendliche aus dem Dorf waren, die mit dem Feuer spielten. Und diese haben wohl Einiges an Wiedergutmachung geleistet, denn nur so wird der Text auf der Rückseite des Denkmals verständlich: »Jugend und Bürger des Landes brachten uns ihre solidarische Hilfe.«

Göhren (Lkr. Vorpommern-Rügen)

Jungfrauen auf Adebarsteinen

Das Besondere an Göhren auf der Rügener Halbinsel Mönchgut sind die Ostseestrände in fast alle Himmelsrichtungen. Der Badeort liegt auf einer 1,5 km breiten erhöhten Landzunge am Oststrand Rügens und hat selbst einen Nord- und einen Südstrand. Erstmalig urkundlich erwähnt wird der Ort »gora« (slawisch: der Berg) 1276. Aus dem ehemaligen Fischerdorf entwickelte sich seit dem Ende des 19. Jh. ein Seebad mit Kleinbahnanschluss.

Von der 350 m langen Seebrücke am Nordstrand aus ist der größte Findling der Insel Rügen gut zu sehen. Er liegt etwa 500 m östlich

der Brücke und 300 m vom Strand entfernt in der Ostsee. Bis zu 200 Göhrener Gäste sollen bei Hochzeiten schon auf dem Stein getanzt haben. Der slawische Name »Buskam« bedeutet soviel wie »Gottesstein«. Er wird von den Archäologen als Opferstein ohne Datierung eingeordnet und weist Schälchen (Vertiefungen von etwa drei Zentimetern Durchmesser) auf. Diese Schälchen (kleine Schalen) werden kultischen Handlungen zugeordnet.
Am Johannistag (24. Juni) treffen sich alljährlich die Ostsee-Jungfrauen zum Speisen und zum lustigen Reigen auf dem Stein. Dabei hocken sie sich an den Rand des Findlings und schauen mit ihrer schöneren Hälfte aus dem Wasser. Wenn sie übermütig werden, sollen sie sogar ganz auf den Stein klettern. Zu erkennen sind sie nur von den am Johannistag zur Mittagsstunde Geborenen. Die allerdings müssen aufpassen, dass sie ihnen nicht verfallen und mit in die Tiefe gezogen werden. Zur Walpurgisnacht, der ersten Nacht im Mai, ist der große Stein Treffpunkt der Hexen. Der Buskam gehört neben weiteren Findlingen der Rügenschen Ostseeküste, wie dem Sassnitzer Uskan, zu den Adebarsteinen. Ein großer Teil

Weißstorch. Stich, 1927

der deutschen Storchenbestände lebt heute in Mecklenburg-Vorpommern. Kein Wunder also, dass auch hier der Storch die Kinder bringt. Er holt sie aus der Ostsee und legt sie auf dem Findling zum Trocknen nieder. Meeresfrisch werden die trockenen Babys direkt den Müttern ins Haus gebracht. Wie aber kommen die Kinder zur Welt, wenn die Störche in Afrika den Winter verbringen? Auf Rügen glaubte man ebenso an den Schwan als Kinderbringer und nannte die Neugeborenen »Schwanenkinder«.
→ Kiekindemark, → Sassnitz, → Strasburg

Göhren-Lebbin (Lkr. Mecklenburgische Seenplatte)

Schwarze Frau bei Mondenschein

Südlich des Fleesensees in Richtung Kölpinsee befindet sich Göhren-Lebbin, das über die Autobahnabfahrt Waren der A 19 und dann die Bundesstraße 192 linkerhand gut zu erreichen ist. Im Jahre 1842 entstand im Auftrage des Grafen Ludwig II. von Blücher im Ortsteil Lebbin das Schloss. Ein Jahr darauf wurde der Ort mit Genehmigung des Großherzogs in »Blücher« umbenannt; den Namen behielt er bis 1911. In seiner heutigen Form wurde das Schloss 1914/15 errichtet. Danach war es Wohnhaus, Schule, Lazarett, Erholungsheim und seit 1990 Hotel. Im Schloss soll eine Dame in einem schwarzen Kleid bei Vollmond durch die Zimmer wandeln. Solch unruhige Geister kommen erst dauerhaft zur Ruhe, wenn sie ihre Aufgabe erledigt haben.
Der Name Göhren soll mit der nahegelegenen Werleburg bei *Laschendorf* am Malchower See zusammenhängen. Ein slawischer Krieger sollte nach der Eroberung der Burg Malchow durch Heinrich den Löwen im Jahre 1164 als Besiegter gehängt werden. Auf Bitten des Verurteilten versprach Heinrich dem Opfer, seine Familie zu schonen. Und so gab er dem Weib des Kriegers das Land um den Weiberberg bei Malchow; für die »Göhren« (die Kinder) war das Gut Göhren vorgesehen. Göhren hieß schon im 13. Jh. »Gorne«. In slawischen Ortsnamen bedeutet »gora« der »Berg«. So werden in Mecklenburg schon Hügel ab 5 m Höhe genannt.
→ Malchow

Goldberg (Lkr. Ludwigslust-Parchim)

Stadt der drei Lügen

Im Osten des Landkreises am Goldberger See liegt »Goldberg, die Stadt der drei Lügen – keine Stadt, kein Gold, kein Berg«. So der Volksmund. Den Zusammenhang zum Gold (Geld) belegt ein Dokument im Museum der Stadt.

Aber warum ist Goldberg angeblich keine Stadt? Bereits 1227 wird das Dorf erwähnt. Seit 1248 hat Goldberg Stadtrecht. Selbst die heute rund 5000 Einwohner (im Jahre 1800 nur eintausend) des beschaulichen Örtchens mögen das aber kaum glauben, weil ihre Stadt so klitzeklein ausfällt.

Wo sind die Berge? Die Kleinstadt liegt mit etwa 50 m über dem Meeresspiegel in einer ehemals sumpfigen Niederung. »Berge« (Hügelketten) der Umgebung sind bis zu 20 m höher. Wegen dieser Hügel und der Eigenbezeichnung »Berg« verspottet man die Stadt bis heute.

Und wo bleibt das Gold im Stadtnamen? Er leitet sich von einem slawischen Ortsnamen »Goltz« (kahler Ort) ab. Die zugezogenen deutschen Handwerker und Händler konnten mit dem Begriff nicht viel anfangen und sagten, wohl auch werbend, »Gold« dazu.

»Goldberg, die Stadt der drei Lügen – keine Stadt, kein Gold, kein Berg«. Lithographie, 1845

Der Ort, so erzählt man, war jedoch immer arm. In der alten Wassermühle, seit 1960 Museum der Stadt, befindet sich ein originelles Dokument für die stets gold- und geldlose Stadt. Zur Zeit der Inflation hatte die Stadt Goldberg für einen Kredit die Bürgschaft übernommen. 1923 wurde sie zahlungsunfähig und es wurde ein Haftbefehl gegen die Stadt Goldberg erhoben.
Wegen der fehlenden tausend Handschellen kam es aber nicht dazu. Dieses legendäre Dokument hängt im Museum. Darunter steht die alte Stadtkasse. Natürlich leer wie die heutige.

Grabow (Lkr. Ludwigslust-Parchim)

Der Mann im Mond

Ein eher ungewöhnliches Stadtwappen mit Mond und Sternen führt Grabow, nur wenige Kilometer südlich von *Ludwigslust*. Am dortigen Rathaus und besonders gegenüber im Museum der Stadt kann man die Zäsuren der Wappenentstehung anhand von Gemälden nachvollziehen.
Aus der Zeit der Stadtgründung um 1252, die angeblich mit gefälschter Urkunde erfolgte, stammt das erste Siegel. Es zeigt den Heiligen Georg. 1569 wird auf dem achteckigen Wappen ein nach oben geöffneter Halbmond mit großem Stern darüber dargestellt. Vermutet wird, dass nach der Reformation die Verehrung des

Wappen von Grabow. Seit 1667 mit Mond und Sternen

Schutzheiligen abgelehnt und durch Ratsbeschluss willkürlich dieses eher schöne Wappen festgelegt wurde.
Knapp einhundert Jahre später, 1667, ist der Halbmond mit drei Sternen zu sehen, fast so wie das aktuelle Wappen. Die Sterne stehen für Glück, Ehre und Ruhm, heißt es. Nach alter Bauernregel wird in der Stadt die Mondsichel gedeutet: Was bei zunehmendem Mond gesät wird, wächst und gedeiht gut. Allerdings scheint es entgangen zu sein, dass es sich um einen abnehmenden Wappenmond handelt.
Die Mauerbekrönung lehnt sich an die mittelalterliche Stadt an. Nur ab 1940 galt für fünf Jahre der Heilige Georg mit Drachen und Hakenkreuzfahne als Wappenfigur. 1991, mit dem Anbruch »Goldener Zeiten«, änderte man durch Stadtverordnetenbeschluss die Silberfarbe der Himmelsgestirne und des Stadttores in Gold um.
Einst, so erzählt man, saß der Bürgermeister mit seinen Ratsherren in feuchtfröhlicher Runde und sprach über die Neugestaltung des Wappens. Einer der Herren begab sich zur Erfrischung vor die Rathaustür und rannte dort gegen einen Laternenpfahl auf dem Marktplatz. Die Sterne, die er sah, waren Anregung für das neue Wappen. Wenn man die Farbe dieser Sterne wüsste, wäre klar, welches Wappen auf diese Weise »erfunden« wurde.

Greifswald (Lkr. Vorpommern-Greifswald)

Waldesfrust im Greifenland

Im Süden Deutschlands sagt man, die Greife leben am Ende der Welt. Ohne Schiff ist an den Küsten Mecklenburg-Vorpommerns tatsächlich der Weg nach Norden versperrt.
Die Hansestadt Greifswald liegt heute, anders als der Name vermuten lässt, nicht in einem Wald, sondern am Wasser. Südlich der Insel Rügen wurde der Greifswalder Bodden als Teil der Ostsee nach ihr benannt. Um 1150 wurde der Ort bei einer alten Salzquelle als deutsche Kaufleute- und Handwerkersiedlung in einem größeren Waldgebiet am Fluss Ryck angelegt und erhielt 1250 als Marktflecke Stadtrecht. Diese Stadtansiedlung wurde von den Zis-terziensermönchen des 1199 gegründeten Klosters Eldena

Greifswald. Stahlstich, 19. Jh.

entscheidend gefördert. Greifswald wurde 1281 Hanse- und 1456 Universitätsstadt. In der Überlieferung hieß der Ort schon 1248 »Gripheswald«.

Das Stadtwappen zeigt einen aufrecht schreitenden Greifen mit einem Eichenstumpf darunter und bezieht sich damit auf die Gründungslegende der Stadt. Während auch *Rostock* und andere Städte dieses beliebte Wappen führen, wurde es für Greifswald namensgebend. Als Fabelwesen aus dem Orient ist der Greif von vorn ein Adler mit Pferdeohren und hat das Hinterteil des Löwen. Er gilt als Beherrscher der Lüfte und der Erde und kam wahrscheinlich über die Ordensritter in den Norden. Fossile Rhinozeroshörner und Straußeneier aus dem Morgenland wurden als Greifenklauen und -eier gedeutet. Damit konnte man selbst von den gefährlichen Abenteuern berichten und andere von dem Weg in die begehrten Länder abschrecken.

Auf antiken Darstellungen wird der Greif auch als säugendes Tier dargestellt. Im Norden heißt er niederdeutsch »Vagel Griep« (Vogel Greif; von »griepen«, also greifen) und legt Eier. Während es in den mündlich überlieferten Sagen des Landes von Drachen, Lindwürmern und Schlangen nur so wimmelt, ist der Greif im heimischen Volksglauben kaum verankert. Die Greifswalder Sage stellt also eine Seltenheit dar, die wohl auf literarischem Wege hier

Eingang fand. Gern werden Boote und Schiffe auf diesen stolzen Namen getauft, als Wappentier der Pommernherzöge schafft es eine Verbindung zur angestammten Heimat und kam vielleicht sogar auf dem Seewege hierher.
Die Sage weiß von der Stadtgründung zu berichten. Während die zweite Namenshälfte von Greifswald historisch belegt ist, darf man der ersten Silbe mit gesunder Skepsis begegnen. Drei Versionen werden früh genannt. Dort, wo Greifswald steht, sollten einst viele Seeräuber, die »auf gothisch Grife oder Gripe« gerufen wurden, gelebt haben. Einer zweiten Variante nach stammt der Name von einem ausgerotteten Raubrittergeschlecht der Gripes.
Die dritte Ableitung erzählt von der Stadtgründungsabsicht der Mönche von Eldena. Dort, wo sich heute in Greifswalds Altstadt die Straße Schuhhagen befindet, soll auf einem abgebrochenen Baumstamm ein Greif gebrütet haben. Das wurde als gutes Zeichen gedeutet und mit dem Stadtbau begonnen. Der Greif aber zog sich wegen des Lärms weiter in den Wald zurück. Doch ab und an kam er zurück und holte sich ein Menschenkind als Nahrung für seine Jungen, bis die Greifswalder Bürger den Nestbaum fällten, die Brut erschlugen und den Räuber auf immer vertrieben. Im Wappen wird an den Kampfesmut der Vorfahren erinnert.
→ Rostock

Hornbläser auf einem Greifen

Gefährliche Nordwinde

Unübersehbar steht an der Domstraße in der Stadtmitte St. Nikolai. Die erstmals 1280 genannte Kirche hatte im 15. Jh. weitgehend ihre heutige Gestalt erhalten. Der gotische Turmhelm wurde 1652 durch die barocke Zwiebelhaube ersetzt. Danach muss die Sage entstanden sein.

Es heißt, der Nachtwächter musste die Stunden durch das Blasen in ein Horn anzeigen. Aus allen Fenstern des Nikolaiturmes, nur nicht aus dem nördlichen, durfte er blasen. Das mochte der Teufel nicht. Möglicherweise reservierte er sich dadurch dieses sonnenlose, dunkle Reich für Tag und Nacht. Ein Wächter hatte es dennoch gewagt und wurde sofort vom Teufel gepackt und aus dem Fenster geworfen. Bei der Turmhöhe war das tödlich. Auch heute sollte man sich an das Gebot halten und nicht hinausschauen.

Die Greifswalder Blaskapelle von St. Marien

An der Nordseite des Turmerdgeschosses der Greifswalder Marienkirche wurde 1990 das Wandbild eines männlichen Schwertwals freigelegt. Der gemalte Wal ist 7,35 Meter lang. Diese in der Ostsee sehr seltene größte Delfinart war am 30. März 1545 bei auflandigem Wind als Paar vor Eldena im Greifswalder Bodden (Bucht), wohl bei der Jagd auf Heringsschwärme, gestrandet.

Das kleinere Weibchen soll dem Schwertwalbullen helfend Wasser zugeblasen und nächtelang wehklagend gerufen haben, bevor es sich in die offene Ostsee freischwamm. Der geschwächte Wal wurde dann von den Fischern getötet. Er ging dadurch in die Wissenschaft ein, denn auf diesen Bullen mit großer Rückenfinne („Schwert“) bezieht sich der Schweizer Naturforscher Conrad

Schwertwal (Orca) im »Fischbuch« von Conrad Gessner, Holzschnitt 1670

Gessner (1516–1565) im Jahre 1558 und beschreibt diese Art erstmals wissenschaftlich.
Wegen der Erinnerung an den biblischen Wal im Buch Jona wurden Walknochen gern als Belege und Fingerzeig Gottes in Kirchen bewahrt. Möglicherweise zeitgleich zu St. Marien wurde eine gut sechs Meter lange, seit 2009 wieder fragmentarisch sichtbare Orca-Darstellung in der Greifswalder Nikolaikirche über dem Eingang zur Sakristei angelegt. Wegen der kleinen Rückenfinne ist es wohl eine (die?) Orca-Kuh. Doch Zahnwale wie der Orca haben nur ein Blasloch zum Ausatmen der Luft nach dem Tauchgang. Der Zoologe Gessner hatte das beim Holzschnitt für sein »Fischbuch« mit einem Orca-Blas beachtet, der Kirchenmaler in St. Marien nicht. Es wäre hier mit Doppelblas ein Bartenwal. Noch eine Reihe von zoologischen Ungereimtheiten harren der Erklärung.

Wachübergaben der Schatzjäger

Die Ruinen von Eldena findet man im Osten der Stadt, fast am Wasser und südlich des Fischerdorfes Wieck. Im Jahre 1199 gründeten Mönche vom Zisterzienser-Kloster Dargun am Ort einer Salzpfannenstelle das Hilda-Kloster (später Eldena). 1535 wurde mit der Reformation das Kloster aufgehoben und in ein herzogliches

Ruinen des Klosters Eldena. Stahlstich, 19. Jh.

Amt verwandelt. Die langsam verfallenden Gebäude erhielt 1634 die Universität Greifswald. Teile wurden als Baumaterial verwendet. Erst ab 1827 wurden durch das Engagement des preußischen Kronprinzen Friedrich Wilhelm die Klosterreste wieder gepflegt und gegen Verfall gesichert. Einer ihrer größten Verehrer war Caspar David Friedrich, der die überwucherten Backsteinwände zu einem Symbol deutscher Romantik machte.
Unter den Ruinen soll, so die Sage, der kostbarste Schmuck des Klosters aus vorreformatorischer Zeit liegen. Dieser wird von einem teu-

»Teuflischer Hund«. Holzschnitt, 1669

felsähnlichen Mann sowie einem hässlichen Hund bewacht. Es gäbe aber eine Vielzahl unterirdischer Gänge, über die man an den Schatz käme. So führt angeblich ein Gang bis zum Greifswalder Rathaus, der bei Bauarbeiten schon gefunden wurde. Auch gibt es im Umfeld verschiedene Steinplatten, die den Eingang zum Schatz verschließen sollen. Jedoch zeigen andere Beispiele, dass die Schatzsuche in solch einem Fall nie gut für die Schatzgräber ausging. Meist wurden die Räuber in einen Hund verwandelt und mussten dann über Jahrhunderte den Schatz bewachen, bis der nächste Schatzsucher kam.

Grevesmühlen (Lkr. Nordwestmecklenburg)

Abgestempelte Krähen

Die Kreisstadt Grevesmühlen liegt zwischen Lübeck und Wismar an einem alten Handelsweg der beiden Hansestädte. Der Ortsname geht auf einen slawischen Personennamen »Gnev« (Umdeutumg in »greve« Graf) sowie Mühle zurück, die als Wassermühlenrad zusammen mit dem mecklenburgischen Stierkopf im Stadtwappen erscheint. Am Marktplatz/Ecke Große Seestraße steht das nach dem großen Stadtbrand von 1659 neu errichtete, heute älteste Haus der Stadt aus dem Jahre 1660. Die solide Bauweise als Fachwerkhaus und die zentrale Lage weisen auf einen begüterten Erbauer hin. Dieses Haus beherbergte seit 1994 das Städtische Museum, bis es an den Kirchplatz 5 zog.

Das Museum hat einen Stempel in Gebrauch, der neben dem Stadtwappen und dem Kirchturm von St. Nikolai einige, sich auf das Wappen stürzende Krähen zeigt. So führt der Museumsstempel über die bekannteste Sage der Stadt in eine Zeit noch vor Errichtung des Ältesten Hauses.

Die Grevesmühlener werden seit jeher Krähen genannt, und dafür gibt es einen sagenhaften Hintergrund. Zu einer Zeit, als die Stadttore noch neu waren (ab dem 13./14. Jh.) verlor man von den überladenen Erntewagen soviel Heu und Getreide, dass man sich Gedanken über Verbesserungen machte. Ein Fremder erzählte einem Grevesmühlener, dass in seiner Heimat »Weesbäume« (niederdeutsch für »Wiesenbäume«) auf die vollen Heufuder und Kornwagen gebunden wurden. Bei der nächsten Ernte stellte der einheimische »Erfinder« dieses als seine Neuerung vor. Nur legte er den Weesbaum quer statt längs zur Fahrtrichtung des Fuhrwerks. Als die begeisterten Ackerbürger vor das Stadttor kamen, passte der meterlange Baum

Museumsstempel mit Krähen

nicht hindurch. Es wurde stundenlang beratschlagt. Die Stadtrepräsentanten wollten sogar das neue Tor auf den Markt verlegen. Da flog eine Krähe vorbei und rief: »Scharp, scharp, scharp vöhr!« (»Scharf vor!« – Das scharfe Ende nach vorn.) Der Bürgermeister, der in Sachen Klugheit der Krähe in nichts nachstand, erkannte: »Nehmt das scharfe Ende, die Spitze nach vorn!«. Das Fuhrwerk kam nun in die Stadt, und die Bürger wurden seitdem Krähen genannt.
Die nach ihrem Ruf bezeichneten Krähen können sprechen lernen und sind wetterkundige Tiere. Ihr Schrei kündigt Regen und Sturm an, sodass die Bürger der Sage auch den Hinweis auf ein schnelleres Tempo bei ihrer Aktion bekamen.
Plausibler als die Sage ist ein klärender Blick auf die Münzen der Stadt um 1550. Neben Stierkopf und halbem Mühlenrad findet sich rechts oben ein krähenartiger Vogel. Er wird als redendes Münzzeichen des städtischen Münzmeisters (ca. 1540–50) Joachim Dalemann (wie Dohlemann) gedeutet. Die Dohle als kleinster, geselliger Krähenvogel mit strenger Rangordnung und einem führenden Männchen kann ebenso »sprechen« wie andere Krähenvögel. Die Münzen selbst wurden mundartlich wohl Dohlen oder Krähen genannt und dann übertrug man den Begriff auf die Bürger.

Grimmen (Lkr. Vorpommern-Rügen)

Die guten alten Zeiten

Südlich bzw. westlich der Hansestädte *Stralsund* und *Greifswald* liegt die Kreisstadt Grimmen. Die Ersterwähnung der Stadt geht auf das Jahr 1267 und die des Rates auf 1306 zurück. Das Rathaus am Markt wurde im 14. Jh. gebaut. Unter den drei spitzbogigen Arkaden sowie im Untergeschoss fanden einst Handelsgeschäfte statt. 1743 kam es zu einer Bürgerrevolte gegen die Willkürherrschaft des Rates. Im Anschluss daran bestätigte die schwedische Regierung den beiden Bürgermeistern, wirksamere Maßnahmen zu ergreifen. So ließen diese 1744 die Gerichtslaube im Rathaus zumauern und richteten im linken Zimmer die erste Polizeistation ein. Ein Jahr darauf wurde am linken, äußeren Achteckpfeiler, gut kontrollierbar für die Polizeigewaltigen, eine Kette mit Halseisen

Folterinstrumente. Holzschnitt, 16. Jh.

befestigt – die Schandkette. Straffällige wurde daran in der Öffentlichkeit angeprangert.

Einst stahl eine Frau in Stralsund Mohrrüben, wurde vom Stadtgericht verurteilt und musste einen ganzen Tag angekettet mit einer Mohrrübe in der Hand am Rathaus stehen. Noch 1952 hing die Schandkette dort, so erfährt man aus dem naheliegenden Museum im Mühlentor, und verschwand dann. Seit 2001 hängt die Kette wieder zur Erinnerung an die »guten alten Zeiten«.

Gristow (Lkr. Vorpommern-Greifswald)

Der Segen lag im Degen

Nördlich von *Greifswald* geht von der B 96 eine Abzweigung ins Kirchdorf Gristow an die Gristower Wiek. Bei der Rechtskurve nach Gristow führt links ein Waldweg bis zum freien Feld. Hier liegt auf der rechten Seite etwa 100 m vom Wald entfernt ein Teich, der einen Schatz barg und vielleicht noch birgt.

Bei einem Gristower Bauern verdingte sich einst ein Knecht, der nur einen geringen Lohn vom Dachboden des Bauern haben wollte. Doch nach einem Dienstjahr verlangte der Knecht den verrosteten Erbdegen des Bauern. Gemeinsam fuhren sie dann zu diesem Teich und der Knecht wies den Bauern in den bevorstehenden Tauchgang nach dem Schatz ein. Sollte sich das Wasser rot färben, sei alles in Ordnung. Würde es schwarz, so sollte der Bauer mit dem Gespann flüchten – der Knecht würde dann nie wieder auftauchen. Mit dem Erbdegen in der Hand sprang der Knecht in das Wasser, das furchterregend brodelte und sich – zum Glück – rot färbte. Die Beute wurde geteilt. Ob dabei der ganze Schatz gehoben wurde, ist unklar. Man soll im Winter bei guter Sicht noch immer eine Truhe erkennen können.

Groß Raden (Lkr. Ludwigslust-Parchim)

Versteckte Krankheit

Die bekannteste archäologische Ausgrabung von Mecklenburg-Vorpommern liegt in Groß Raden. Von *Sternberg* aus fährt man nur wenige Kilometer die Landstraße in Richtung Norden um den Großen Sternberger See herum. Die slawische, museal aufbereitete Anlage des 9. und 10. Jh. auf einer Landzunge gehört zum Archäologischen Landesmuseum. Erste Grabungen begannen 1973. Der Aufbau des Freilichtmuseums wird seit 1981 betrieben. Erlebbares slawisches Handwerk, Ackerbau, Viehzucht und experimentelle Archäologie machen das Leben vor tausend Jahren lebendig.

Die bescheidene sagenhafte Überlieferung zum Burgwall wird der heutigen archäologischen Bedeutung nicht gerecht. Burgwälle hatten über Jahrhunderte längst nicht die Anziehungskraft von Großsteingräbern. Dennoch machte man sich Gedanken um die eigenartigen Erhebungen im Lande. Es ist ein unheimlicher Ort, darüber war man sich einig. Die Überlieferungen aber reichen nur bis in die Zeit des Nordischen Krieges von 1700/21 zurück. Der unterlegene Schwedenkönig Karl XII. kehrte als Flüchtling in sein Land zurück und versteckte seine Waffen zuvor im Mecklenburgischen. Eine Erhebung wie diese bei Groß Raden war als Versteck verdächtig.

Eines Tages brachte ein alter Weber Leinen nach Groß Raden. Erst zu mitternächtlicher Stunde machte er sich auf den Rückweg. Plötzlich stand beim Burgwall ein kleines Männlein vor ihm. Er beschrieb es mit Stulpenstiefeln, Schwert und breitrandigem Hut – fast wie das Petermännchen aus *Schwerin*. Der Weber erschrak, als die Gestalt anbot, die Waffen von Karl XII. auszugraben. Schnell lief er davon. Mit Blitz und Knall verschwand nun auch der Wächter des Versteckes. Drei Tage war der Weber krank, bis er sich nur langsam wieder erholte.

→ Schwerin

Rekonstruktion des Burgwalls. Zeichnung, 1978

Grün Kordshagen (Lkr. Vorpommern-Rügen)

Die Schwertwahl

Fährt man auf der B 194 von Stralsund nach Süden und dann auf der Landstraße weiter nach *Richtenberg*, kommt man am Kirchdorf *Steinhagen* vorbei und verlässt die Landstraße am linken Abzweig nach Grün Kordshagen. Dort befindet sich gleich links in einem Vorgarten der Mönchsstein. Es ist seit 1999 eine Kopie des Bildhauers Hans-Peter Jaeger aus Stralsund. Das Original aus dem Jahre 1492 steht wettergeschützt in der Kirche von Steinhagen.

Beidseitig ist in den insgesamt 3,40 m hohen und etwa 25 Zentner schweren Kalkstein eine Mönchsfigur eingearbeitet. Der Mönch hat ein Schwert im Körper. Die Vorderseite hat ein lateinisches

Mönchsstein von Grün Kordshagen. Zeichnung

Minuskel-Spruchband mit dem Text: »Gott erbarme dich meiner.« Darunter die Fußzeile: »Im Jahre des Herrn 1490 zwei Tage nach dem Fest Invocavit starb Bruder Dertmarus Moordorf. Betet für ihn.« Moordorf gehörte zum Zisterzienserkloster *Campe* (später *Neuenkamp/Franzburg*). Es heißt, der Mönch hatte ein Liebesverhältnis mit einer Bäuerin und wurde von dem Bauern erwischt und erstochen. Da die Bauern nun nicht ständig Schwerter bei sich trugen, darf man getrost misstrauisch bei der Täterbeschreibung und dem Tathergang sein. Nach der Reformation und der Säkularisierung der Klöster (Überführung des Kirchengutes in weltlichen Besitz, meist des Adels, des Landesherrn oder der Städte) wurde das Klosterleben gern ins schlechte Licht gerückt, um die Enteignungen zu begründen.
Die Mordwangen wurden vermutlich durch den Täter aufgestellt, um den Mord aus dem Jahre 1490 zu sühnen. Dass auch die Bezeichnung Denkstein zutreffend ist, zeigt die plattdeutsche Inschrift der Rückseite unter dem Mönch. Sie bittet darum, stehen zu bleiben und des Opfers mit einem Gebet zu gedenken.
→ Gingst, → Kruckow, → Pasewalk, → Schaprode, → Schönberg, → Sommersdorf, → Sülsdorf

Güstrow (Lkr. Rostock)

Bestraftes Lohndumping

Die alte Residenzstadt Güstrow liegt etwa 40 km südlich von Rostock, geographisch fast in der Mitte von Mecklenburg-Vorpommern. Prägendes Bauwerk der Stadt ist das Renaissanceschloss mit wechselhafter Geschichte. Nach dem Aussterben der Güstrower Herzogslinie im Jahre 1695 verlor das Schloss seine Funktion als Residenz der mecklenburgischen Herrscher. Das Land wurde im Jahre 1701 in Mecklenburg-Strelitz und Mecklenburg-Schwerin aufgeteilt und von Strelitz sowie von Schwerin aus weiterregiert. Ab 1811 diente das Gebäude der französischen Armee als Lazarett. Seit 1817 wurde es bis 1945 als Landarbeitshaus, dann als Altersheim genutzt. Nach Rekonstruktionsmaßnahmen übernahm das Staatliche Museum Schwerin das Schloss ab 1972 als Außenstelle.

Güstrower Schloss. Stich, 1856

Ab dem Jahre 1588 begann in mehreren Bauphasen die Errichtung des Schlosses, da der Südteil der ehemaligen Fürstenburg abgebrannt war. Erst unter Hofbaumeister Charles Philipp Dieussart findet in den Jahren 1658 bis 1671 der Schlossbau seinen Abschluss. Er errichtete auch Schlossbrücke und Torhaus. Als der kaiserliche General Wallenstein 1628/29 hier residierte, ließ er zwar eine Baulücke im Südosten des Schlosses schließen, seine Torwache stand aber noch unmittelbar im Schloss, dort, wo sich heute der Kassenbereich des Museums befindet.

An dieser Torwache wollte einst ein Pferdejunge vorbei. Er hatte einen Fuchs mit einem Hecht ringen sehen und beide Tiere für Wallenstein gefangen. Der vom Schlamm beschmutzte Junge durfte an der Wache nur durch, nachdem er die Hälfte des zu erwartenden Lohnes versprach. Dem Saaldiener musste er die andere Hälfte versprechen, um eingelassen zu werden. Wallenstein war sehr erfreut über die Tiere und fragte nach der Gegenleistung. Fünfzig Stockschläge verlangte der Junge. Der Herrscher erfuhr den Grund für den eigenartigen Wunsch und ließ gern die »Geschenke«, je 25 Stockhiebe, auf seine Untertanen verteilen. Der Pferdejunge bekam dann noch ein richtiges Geschenk – das Kammerfräulein, in das er sich inzwischen verliebt hatte.

Kirchlein im schwarzen Teufelssee

Einst »eine halbe Meile von Güstrow« entfernt, heute innerhalb der Stadt südlich des Natur- und Umweltparks an der B 103/104, liegt der Teufelssee. Der zweite Name »Schwarzer See« beschreibt ihn treffender als einen schattigen, von hohem Nadelholz umgebenen und daher sehr dunkel aussehenden See.

Ein kleines Kirchlein stand früher auf festem Land, dort, wo heute still der See ruht. Mönche hatten in der Kirche arg gehaust und gezecht. Daraufhin traf sie Gottes Zorn. Der Herr sandte den Teufel aus, um die Priester in die Hölle zu holen. Danach tat sich die Erde auf und das Kirchlein versank darin. An dessen Stelle entstand der Teufelssee. Bei ganz stillem Wind soll man heute noch die Kirchenglocken hören.

→ Wrangelsburg

Gützkow (Lkr. Vorpommern-Greifswald)

Die Rache der Götzenfliegen

Mysteriöse Götzenfliegen sollen einst den Einzug des Christentums in Gützkow begleitet haben. Die Stadt liegt südlich von *Greifswald*, dort, wo die Bundesstraßen 96 und 111 (aus Wolgast) aufeinandertreffen. Der Stadtkern mit Nikolaikirche ruht auf dem »Stadtberg«, der höchsten örtlichen Erhebung. Hier soll ein slawisches Heiligtum gestanden haben. Die naturräumliche, wasserreiche Situation spricht sehr dafür. Um 1128 besuchte Otto von Bamberg

Der Teufel ist auch »Herr der Fliegen« und nimmt deren Gestalt an.

auf seiner zweiten Missionsreise in Pommern den großen, damals neuen heidnischen Tempel. Otto konnte die Bürger bewegen, das Heiligtum abzutragen. An dessen Stelle wurde eine Kirche errichtet. Wahrscheinlich gab es vor der Nikolaikirche noch einen Vorgängerbau, denn die ältesten Bauteile der heutigen Kirche stammen erst aus der ersten Hälfte des 13. Jh. Der erste Pfarrer wurde 1219 urkundlich erwähnt.

Die Legende weiß den Abbruch des Tempels zu ergänzen. Alle Götzenbilder und heidnischen Reliquien mussten verbrannt und aus der Stadt geschleppt werden. Die ersten Flammen gingen auf, und plötzlich stiegen gewaltige Fliegenschwärme in den Himmel. Wie mit einer schwarzen Wolke soll die Stadt bedeckt gewesen sein. Die Lage in der feuchten Niederung macht die Schilderungen durchaus glaubwürdig. Danach aber sollen der Bischof und seine Würdenträger mit Weihrauch, Weihwasser und Gebeten die Fliegen vertrieben haben. Diese beachteten die Aufforderung, die Menschen nicht zu bedrängen und flohen zum Swantewit-Tempel nach *Arkona* in Richtung Norden. Dieser stand noch bis 1168. Jedes Jahr im Sommer tauchen auch heute noch die Fliegen wieder auf, als wollten sie sich für die Vertreibung ihrer Vorfahren aus dem Slawentempel rächen.

→ Altenkirchen, → Putgarten

H

Hagenow (Lkr. Ludwigslust-Parchim)

Stadt ohne Tore

Hagenow ist eine Stadt, die nie Stadtmauern besessen hat. In der Mitte des Landkreises gelegen, ist sie über die A 24, Abfahrt »Hagenow«, südlich entlang der Bundesstraße 321 direkt zu erreichen. Schon das Siegel von 1420 lässt als »redendes Zeichen« die Besonderheit erkennen. Unter dem heiligen Bischof Dionysius von Paris, dem Schutzpatron der Hagenower Kirche, ist ein Zaun aus Holzlatten abgebildet. Damit wird der deutsche Ortsname erklärt. Hagenow kommt von »hagen« und bedeutet Hecke, umhegter Platz oder Einfriedung.

Zwar wird Hagenow erstmalig 1370 als Stadt erwähnt, erhält aber erst 1754 die volle Stadtgerechtigkeit. 1669 lebten hier gut 500 Einwohner. Die lange Hauptstraße mit kaum ausgeprägtem Markt zeigt, dass es sich dem Charakter nach über Jahrhunderte um ein größeres Dorf gehandelt hat. Der Ursprung des Ortes wird westlich des Mühlenteiches zwischen Kirche und dem Museum der Stadt Hagenow angenommen. Nach Osten und Süden schützte der aufgestaute Wasserlauf, im Westen lag eine feuchte Niederung. Es waren ursprünglich alles Bauernhöfe, die um die Kirche (Neubau von 1875/79 auf dem Platz des Vorgängerbaues) angesiedelt waren.

Siegel von Hagenow.
Zeichnung: Henry Gawlick

Im Jahre 1628, Wallenstein herrschte gerade im Lande, wurde auf dem neuen Siegel der Zaun weggelassen. Die Hänseleien gegenüber einer Stadt, die keine Mauer und Tore hat, war vielleicht dafür ausschlaggebend. Eine archivalische Zeichnung von 1813 zeigt, dass neben einem Schlagbaum über die heutige Lange Straße ein Torhaus (Wohnhaus) gestanden hat. Die zwei bekannten Schlagbäume haben spätestens seit dem 18. bis weit ins 19. Jh. im Norden der Langen Straße bei der Gabelung zur Hamburger und Wittenburger Straße sowie im Süden beim Lindenplatz gestanden.
Die Besonderheit, »warum die Stadt Hagenow keine Tore hat«, hält die Sage fest: Der Fall, dass ein Dorf in späterer Zeit (1754) zur Stadt wird, passiert danach »hundert Dörfern in hundert Jahren kaum einmal«. Eines der neuen Probleme waren die nun fehlenden Stadttore. In *Pampow*, einem Dorf südlich von Schwerin, wurde daraufhin dem Schulzen von seinem Hof (heute: Zu den Eichen 7) ein Schlagbaum für Hagenow gestohlen. Bei hohem Schnee konnte der jedoch den Weg der Diebe zurückverfolgen und brachte die Hagenower vor Gericht. Der Landesherr entschied dann. Für die Ausfälligkeiten gegenüber dem Hagenower Bürgermeister sollte der Pampower seinen Schlagbaum nicht zurückbekommen. Wegen des Diebstahls aber sollte Hagenow nur noch Schlagbäume, jedoch keine Stadttore errichten.

Heiligendamm (Lkr. Rostock)

Geburt mit dem Hahnenschrei

Eine der schönsten Lindenalleen Mecklenburgs führt von *Bad Doberan* in Richtung Ostsee, vorbei an der ältesten Pferderennbahn des europäischen Kontinents (seit 1823), in das »steinreiche« klassizistische Heiligendamm. Dieses erste deutsche Seebad wurde im Anschluss an ein persönliches Ostsee-Probebad von Herzog Fried-rich Franz I. im Jahre 1793 angelegt.
Benannt wurde der Ort nach der eiszeitlichen Steinaufschüttung am Ostseestrand. Etwa 4 km lang, 40 m breit und 4 m hoch ist dieser schützende Steindamm, der heute durch künstliche Aufschüttungen verstärkt wurde und das tiefliegende Binnenland

Heiligendamm mit Seebrücke

schützt. Der Überlieferung nach ließ sich ein Schäfer diesen Wall als Wegverkürzung in einer Nacht vom Teufel aufschütten. Noch vor dem dritten Hahnenschrei musste der Höllenfürst fertig sein, um die Schäferseele zu gewinnen. Da der Teufel seinen Sieg knapp verfehlte, setzte sich der Schäfer und damit als Triumph des Christentums die Bezeichnung »Heiliger Damm« durch.
Die wesentlich bekanntere Sage berichtet von einer fürchterlichen Sturmflut im Jahre 1427. Die Mönche des gerade fertiggestellten, strandnahen Klosters Doberan machten sich mit den Bauern der Umgegend daran, gegen das anstürmende Meer einen Wall aus Steinen und Holz zu errichten. Die mehrtägigen Arbeiten führten alle Beteiligten bis zur Erschöpfung. In ihrer Not riefen die Mönche den Herrn an und verwiesen auf ihre Taten bei der Erbauung von Münster und Kloster. Und plötzlich drehte des Nachts der Wind. Das Meer »gebar« unter kräftigem Getöse einen gewaltigen Stein-

damm. Als Mönche und Bauern am Morgen zum Meer gingen, sahen sie den hohen »Gottesdamm« aufgeschüttet und nannten den Ort fortan Heiligendamm.

→ Bad Doberan, → Galenbeck

Hintersee (Lkr. Vorpommern-Greifswald)

Tod beim Barnimskreuz

Fast grenzüberschreitend an der Landstraße zwischen *Ueckermünde* und Szczecin (Stettin) steht das Barnimskreuz. Von *Ueckermünde* aus erreicht man über *Eggesin* und *Ahlbeck* das Kirchdorf Hintersee. Die Straße führt nun in Richtung polnische Grenze nach Dobieszczyn (Entepöl). Hintersee hinter sich lassend geht die Straße östlich durch einen Stützpunkt des Bundesgrenzschutzes geradeaus bis zum Wegweiser »Barnimskreuz« rechts der Straße, noch vor der Grenze. 50 m weiter befinden sich ein Eichenkreuz, das 1994 nach alten Vorlagen erneuert wurde, und ein Granitstein. Auf dem Stein mit eingemeißeltem Kreuz wie auch dem Holzkreuz steht die Jahreszahl 1295. Es ist das Todesjahr von Herzog Barnim II. von Stettin.

Um 1290 begann bereits die tragische Liebesgeschichte. Ritter Vidante von Muckerwitz saß auf Burg Vogelsang, einige Kilometer nördlich dieser späteren Mordstelle. Seine schöne Frau, eine geborene Freiherrin von Warborch, fand das Interesse des Stettiner Herzogs Barnim II. Die Liebe des Herzogs erwiderte die treue Gattin nicht, sodass Barnim den Ehemann mit Aufgaben nach Polen schickte. Einige Jahre vergingen und der Herzog ließ die Nachricht vom Tode des Ritters verbreiten. Nun ging die Burgfrau auf das Werben des Herzogs ein. Nur der Kaplan erkannte den wahren Plan, unterrichtete Vidante, der in einem Drei-Tage-Ritt nach Hause eilte. Bei einer inszenierten Hirschjagd tötete von Muckerwitz den Herzog mit einem Speer am 28. Mai 1295. Für die Verteidigung seines Gattenrechtes konnte der Ritter nicht bestraft werden. Den Brüdern des Herzogs blieb nur noch, an der Todesstelle ein Kreuz zu errichten – das Barnimskreuz.

Hohen Luckow (Lkr. Rostock)

Geist im Rittersaal

Das Dorf Hohen Luckow liegt »zwei Meilen südwestlich von Rostock« im Dreieck der Städte *Doberan*, *Bützow* und *Schwaan*. Dominiert wird die Gemeinde vom Gutsschloss mit seinem gepflegten, etwa vier Hektar großen Park. Das barocke Schloss wurde in den Jahren 1707/08 erbaut. Von 1308 bis zum Verkauf im Jahre 1810 war das Gut im Besitz der Adelsfamilie von Bassewitz, die ein Wildschwein in ihrem Familienwappen führte. Es ist ein »redendes« Wappen – der »Basse« ist noch heute in der Jägersprache ein starker Keiler. Die beiden steinernen Wildschweine am Eingangsportal der Schlosszufahrt nehmen Bezug auf das Wappen.

Ebenso ist das Schwein Ausgangspunkt für die wegen ihrer zeitlich und inhaltlich plausiblen Einordnung fast glaubwürdigen Sage. Es war während des langen Krieges (wohl der Dreißigjährige Krieg),

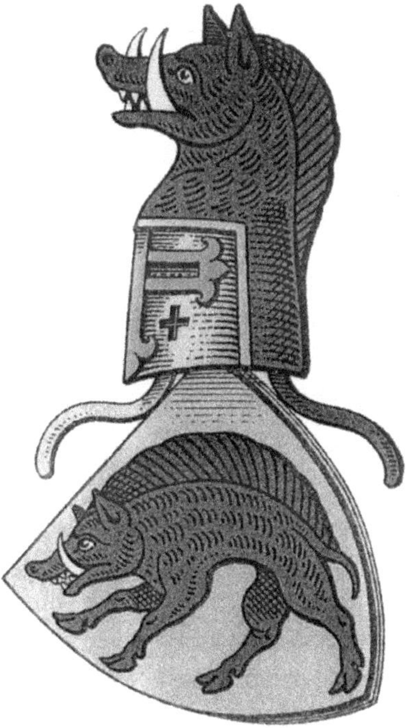

Wappen der Adelsfamilie Bassewitz, um 1300

heißt es in der Sage, als Soldaten nach Hohen Luckow kamen. Die durchziehenden Truppen nahmen den einzigen nicht geflüchteten Dorfbewohner, einen jungen Schweinehirten, als »Wegweiser« mit. Der ehemalige Schweinehirt kehrte nach Jahren als reicher Oberst wieder, kaufte dem verarmten Herrn Hohen Luckow ab und baute ein neues Schloss. Später verkauften seine Kinder das Gut. Seither soll der darüber sehr unglückliche Vater als Poltergeist im prächtigen Rittersaal des Schlosses umgehen.

→ Dalwitz

Hohenzieritz (Lkr. Mecklenburgische Seenplatte)

Luise von Preußen – Königin der Herzen

Das Kirchdorf Hohenzieritz liegt nördlich von *Neustrelitz* und südlich vom Tollensesee. Der Ort ist vor allem bekannt geworden durch »Luise von Preußen – die Königin der Herzen«, die hier einen Teil ihrer Kindheit und Jugend verlebte und im Schloss im Beisein ihres königlichen Gatten an einer Lungenentzündung starb. Das Schloss mit Luisentempel im vom englischen Gartenarchitekten Thompson angelegten Park ist ein schlichter zweigeschossiger Bau der Jahre 1746/51.
Im Jahre 2001 wurden aus Anlass des 225. Geburtstages der mecklenburgischen Prinzessin Luise (1776–1810) sowie der 300 Jahre von Mecklenburg-Strelitz und Preußen das Sterbezimmer von Luise sowie zwei weitere Räume für die Öffentlichkeit als Erinnerungsstätte zugänglich gemacht. Tiefere Einblicke mit guten Exponaten, besonders Plastiken, bekommt man im Stadtmuseum Neustrelitz und in der Heimatstube des Dorfes, die in der ehemaligen Schmiede die Geschichte zeigt. Im Hohenzieritzer Schloss selbst ist heute das Nationalparkamt zu Hause.
Luise war schon zu Lebzeiten eine Legende und wurde es durch ihren frühen Tod mit 34 Jahren als preußische Königin, Gemahlin von Friedrich Wilhelm III. (1770–1840) und Mutter des späteren deutschen Kaisers Wilhelm I. zunehmend mehr. Sie war in Kontakt mit Goethe, Schiller, Herder, Wilhelm von Humboldt, Hardenberg und Stein. Besonders populär wurde Luise, als Napo-

Schloss Hohenzieritz. Lithographie, 1845

leon 1806 in Berlin einmarschierte. Die Bevölkerung verehrte sie wegen ihrer antinapoleonischen Haltung.

Die durch ihre Erziehung besser französisch als deutsch sprechende Königin handelte nach der Niederlage Preußens mit Napoleon den Friedensvertrag von Tilsit 1807 wesentlich mit aus, bei dem Preußen allerdings mehr als die Hälfte seines Territoriums einbüßte. Napoleon war sehr beeindruckt von der resoluten Frau. In seinem Tagebuch von St. Helena schrieb er von »einer geistvollen und klugen Frau« und machte seine ehemalige Widersacherin damit selbst legendär.

Ivenack (Lkr. Mecklenburgische Seenplatte)

Die Tausendjährigen Eichen – das Nonnplusultra

An der Straße von *Stavenhagen* nach *Altentreptow* biegt man gleich hinter dem Ivenacker See nach Ivenack ab. Man erreicht unmittelbar den Park und kann den Parkplatz davor nutzen.

Ivenack (slawisch »Weidenort«) wird 1252 als Zisterzienser-Nonnenkloster erstmals erwähnt. Das barocke Schloss wurde auf den Grundmauern eines 1555 säkularisierten Klosters errichtet. Im Schlosspark liegen Kirche (um 1700 neu errichtet), Orangerie, Teehaus und Reithalle eng beieinander und lassen das gräfliche Leben (Graf von Plessen bis 1945) nachempfinden. Bereits im 18. Jh. gab es den Wild-Tiergarten. Zu den bereits früher unter Denkmalschutz stehenden tausendjährigen Eichen kamen 1962 Dorf und Tiergarten als Landschaftsschutzgebiet hinzu. 2016 erfolgte die Anerkennung der Eichen-Parkanlage als erstes »Nationales Naturmonument Deutschlands«. Seit August 2017 ist die Eichen-Sage besonders erlebbar: Im Ivenacker Tiergarten wurde der »Baumkronenpfad Ivenacker Eichen« eröffnet.

Im 19. Jh. sollen es noch 20 Eichen gewesen sein. Um 1900 standen noch elf Bäume. Heute gibt es nur noch fünf große Uralt-Stieleichen. Diese fünf „tausendjährigen" (Nonnen-)Eichen sind etwa 800 bis 1000 Jahre alt. Mehr als 200 Starkeichen stehen im Park bereit, in der Zukunft die absterbenden Nonnen-Eichen zu ersetzen. Der Methusalem unter den Bäumen ist über 35 m hoch und hat einen Stammesumfang von etwa elf Metern. Noch immer können die Bäume Nachkommen erzeugen, denn es fallen keimfähige Eicheln.

Diesen ist auch das hohe Alter zu verdanken. Schon die Slawen trieben die Schweine zur Mast unter die Eichen. Den Verbiss auch durch anderes Wild ertrugen nur die stärksten Bäume, die dadurch ohne Licht- und Nahrungskonkurrenten wachsen konnten. Das später im Wildpark gehaltene Dam- und Rotwild (teils bis zu 600 Tiere) nutzte ebenfalls gern diese Früchte des Waldes. Dadurch wuchsen die in Ivenack wappentauglichen Bäume zu den wohl ältesten Eichen in Deutschland und vielleicht Mitteleuropas heran. Um die Baumriesen von Ivenack ranken sich natürlich auch Sagen. Eine 1857 aufgezeichnete Sage bezieht sich auf das bis 1555 bestehende Zisterzienserinnenkloster. Sieben der stärksten Eichen sollen verwunschene Nonnen sein. Sie haben »in uralten Zeiten« ihr Gelübde gebrochen und eine schreckliche Sünde begangen. Zur Strafe wurden sie in diese Eichen verwandelt. Nach tausend Jahren wird die erste der sieben erlöst und die Eiche soll absterben. Immer hundert Jahre später wird eine weitere Nonne erlöst. Eine andere Sage erzählt, dass sieben Nonnen im Schlaf von Räubern überrascht wurden und halbnackt in den Wald flohen. Am Morgen danach stellten sie fest, dass ihr Anblick sündhaft sei und sie baten den Herrgott, er möge sie den Bäumen gleich im Walde schützen. Die Bitte wurde erhört: Sie wurden in Eichen verwandelt.

Da Nonnen sich nicht um eigenen Nachwuchs kümmern können, haben das die Förster übernommen und pflegen bereits heute die nächste sagenhafte Nonnen-Eichen-Generation.

Mecklenburgische Schutzgöttin Obotritia mit Schild unter »tausendjähriger« Eiche. Links Clio, die Muse der Geschichte, rechts die »Sage«, 1860

J

Jabel (Lkr. Mecklenburgische Seenplatte)

Giftiger Schatten

Nördlich der Müritz und des Kölpinsees befindet sich der Jabelsche See, dem das Dorf Jabel auf der Westseite seinen Namen gab. Sowohl von der See- wie von der Landseite aus ist die Kirche der markanteste Punkt. Nach einem Großbrand 1859 musste das Dorf fast völlig neu erbaut werden. Die Kirche wurde im Jahre 1868 auf älteren Resten errichtet.

Um die Eibe auf dem Pfarrhof, die gut einseh- und erreichbar außerhalb des Hofes gleich links hinter der Scheune steht, ranken sich zwei Legenden. Als junger Mensch soll der berühmte meck-

Bögen aus Eibenholz trafen immer, 16. Jh.

Reuter-Eiche in Jabel. Foto: Hartmut Schmied

lenburgische Dichter Fritz Reuter (1810–1874) hier bei seinem Onkel, dem Pfarrer Ernst Reuter, zur Erziehung geweilt haben. Beide sollen unter der ausladenden Eibe, die als Versteck gut geeignet ist und den Brand des Dorfes überdauert hatte, oft kräftig gebechert haben.

Außerdem soll es die älteste Eibe in Mecklenburg sein. Ihr Alter wird (unterschiedlich) auf 250 bis 900 Jahre geschätzt. Der Stammumfang, manchmal auch der Durchmesser, werden heute mit gut 4 m angegeben. Die Schätzungen werden erschwert, weil der bis zu 18 m hoch werdende Baum sich mehrstämmig entwickelt und die Einzelstämme miteinander verwachsen. Der exotisch wirkende, zapfenlose, Beeren und Nadeln tragende Baum gilt als gefährlich für den Menschen. Selbst sein Schatten soll giftig sein. Möglicherweise nahm Fritz Reuter das als Ausrede für sein Unwohlsein nach den Gelagen.

K

Kamminke (Lkr. Vorpommern-Greifswald)

Die Prinzessin vom Golm

Auf der Insel Usedom liegt unmittelbar an der polnischen Grenze am Stettiner Haff das Dorf Kamminke. Es ist über die Bundesstraße 110 erreichbar. Nördlich vom Ort liegt unübersehbar der 69 m hohe Golm, Gollen oder Gollenberg. Die große Höhe und die schöne Aussicht von seiner Kuppe haben die Legendenbildung beflügelt.

Der Golm. Stahlstich, 1837

Prinzessinnen und verwunschene Frauen sind hier vor allem zu Hause. Der hohe Berg lässt sich am leichtesten mit einer sagenhaften »tektonischen« Verschiebung begründen, denn an der Stelle, wo jetzt der Golm liegt, gab es früher ein prächtiges Schloss. Leider verliebte sich die Tochter des Schlossherrn in einen Jüngling unter ihrem Stande. Vor Scham verfluchte der Vater den Palast, der mit allem, was sich darin befand, unterging. Die Erde schob sich darüber zum Golm zusammen. Nur die Prinzessin lebt unter dem Berg weiter. Einzig ein Sonntagskind, frei von jeder Sünde, kann sie am Johannismorgen (24. Juni) erlösen.

→ Kühlungsborn

Kiekindemark (Lkr. Ludwigslust-Parchim)

Verhexter Brautstein

Wenige Kilometer südwestlich von *Parchim* liegt das Dorf Kiekindemark. Von hier führt der Slater Kirchsteig oder auch Brautsteig durch den Wald zum Dorf *Slate*. Nach etwa zwei Kilometern findet man den Breiten Stein. Der etwa mannshohe, kantige Findling regte seit Menschengedenken die Phantasie an. Wie auch bei anderen auffälligen Steinen oder Großsteingräbern wurden hier Menschen verflucht und versteinert.

Als ein sogenannter Schälchenstein mit vielen kreisrunden Ausreibungen zur (vermuteten) Gewinnung von Zauberpulver ist er durch seine zeitlich nicht einzuordnenden menschlichen Eingriffe auch archäologisch interessant. Eine als Blutrinne gedeutete Vertiefung macht ihn zu einem Opferstein für die Besänftigung der heidnischen Götter.

Früher hieß er Brautstein. Einst war von Kiekindemark aus eine Hochzeitsgesellschaft ins Kirchdorf Slate gefahren. Die nach der Trauung durch viele Weinkrüge im Dorfkrug angeheiterte Gesellschaft geriet auf dem Rückweg mit der Pferdekutsche vom Wege ab. Eine alte Frau kam aus dem Unterholz und bat um eine milde Gabe. Die ausgelassene Gesellschaft verhöhnte die Alte. Als Hexe rächte sie sich und verwandelte durch einen Zauberspruch Mensch, Tier und Gerät in Steine. Der Breite Stein ist als Brautkutsche erkennbar, im Umfeld liegen die versteinerten »Pferde«. Nach einer anderen Version wollte sich eine junge Frau nicht mit dem Gutsherrn verheiraten lassen. Ihr Wunsch, lieber zu Stein zu werden als dessen Ehemann, erfüllte sich auf dem Wege zur Kirche. Nur ein unbescholtenes Ehepaar soll sie erlösen können.

→ Bergen (Mägdesprung), → Boitin, → Dalwitz, → Gatschow, → Göhren, → Mildenitz, → Pasewalk, → Sassnitz (Waschstein)

Kirch-Baggendorf (Lkr. Vorpommern-Rügen)

Orakel der Eulen

Um das Leben eines mittelalterlichen Raubritters nachempfinden zu können, fährt man auf der Landstraße zwischen *Tribsees* und *Grimmen* nach Kirch-Baggendorf. Die Kirche wird östlich umfahren. Den Kopfsteinpflasterweg entlang geht es noch etwa 1000 m nach Norden fast bis zum Flüsschen Trebel. Hier biegt man links den Waldweg ab und sieht nach etwa 50 m auf einer Lichtung die ausgeschilderte einstige Raubritterburg. Es ist ein frühdeutscher, lehmaufgeschütteter Turmhügel mit etwa 30 m Durchmesser und 1,50 m Höhe. Die Anlage wurde bereits im 14. Jh. zerstört.
Angenommen wird, dass das östliche *Wendisch-Baggendorf* von den Slawen (den Wenden in diesem Gebiet) weiter bewohnt wurde, während Kirch-Baggendorf mit dem Aufbau einer Feldsteinkirche des 13. Jh. deutsch besiedelt wurde. Es wird für den Ortsnamen eine slawische Ableitung von »bagge« (Sumpf, Morast) vermutet. Anfang des 13. Jh. wird die Gegend durch deutsche Siedler kolonisiert. Die Speckins sind seit 1322 in beiden Dörfern nachweisbar. Danach wäre der Ritter dem Namen nach ein Speckin aus dem Baggendorf gewesen.
Möglicherweise war der heute ebenso erhaltene, vielleicht ältere, Turmhügel in Wendisch-Baggendorf Ausgangspunkt für die Sage. Am westlichen Dorfeingang von Wendisch-Baggendorf wird man von einem Ritter und drei Eulen aus Holz begrüßt.

Die »kluge« Eule: Steinkauz (Athene noctua). Stich, 1927

Der Raubritter Baggus Speckin soll auf seinen Raubzügen von seiner Moorburg im Trebeltal aus Unmengen von Reichtümern angehäuft und Angst und Schrecken im ganzen Land verbreitet haben. Nach jahrelangen Beutezügen soll er ein schlechtes Gewissen bekommen haben. Er ließ sich von den neuen christlichen Pries-tern überzeugen, dass seine Sünden vergeben würden, wenn er drei Kirchen baue. Um die Standorte zu bestimmen, ließ er drei Eulen als Orakelvögel auffliegen. Diese landeten in *Vorland*, *Glewitz* und (Kirch-)Baggendorf und bestimmten so den Standort der Kirchen. Doch während des Kirchenbaus in Kirch-Baggendorf ritt er in die Kirchen ein und wurde für diese Gotteslästerung mit seinem baldigen Tode bestraft. Fortan musste er um Mitternacht als Geist mit seinem Ross die drei Kirchenschiffe aufsuchen. Speckin soll heute noch im Brunnenschacht seiner ehemaligen Burg herumgeistern.
→ Nossendorf

Kirchdorf (Insel Poel, Lkr. Nordwestmecklenburg)

Des Pudels Kern am Schlossberg

Die einzige größere Insel des alten Mecklenburgs ist Poel in der Ostsee vor der Hansestadt Wismar. Das etwa 37 km² große, flache und unbewaldete Eiland ist seit 1908 über einen Erddamm mit dem Festland verbunden. Von Wismar aus fährt man in Richtung Norden auf die Kirchdorfer Kirche zu, die gar nicht zu verfehlen ist. Die Dorfkirche liegt malerisch innerhalb der Erdwälle des abgebrochenen Schlosses. Am Westeingang der Kirche sind magisch genutzte Löffelsteine und an der südwestlichen Kirchenwand eine mittelalterliche Sonnenuhr mit Stundenstrichen und abgebrochenem Stab erkennbar. Hinter weiteren Wällen der sternförmigen Fes-tung aus dem Dreißigjährigen Krieg liegt auf einer Anhöhe im Kern der Festung das mit Gras überwucherte Fundament des alten Schlosses – der Schlossberg.

Große Teile Poels gehörten über Jahrhunderte zu Lübeck. Wie zum Trotz bauten die mecklenburgischen Herzöge Mitte des 16. Jh. südlich von Kirchdorf ein Jagdhaus. 1614/18 setzte Gert Evert Piloot aus Emden hier für das Herzoghaus ein Schloss hin. Im

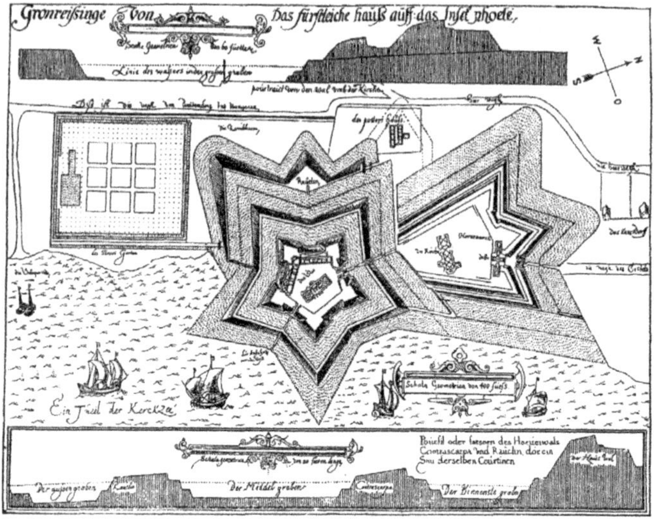

Sternförmiger Grundriss der Festung Poel

Dreißigjährigen Krieg waren zunächst die Dänen, dann Wallenstein und ab 1635 die Schweden auf der Festung. Nach Ende des Krieges fielen 1648 die Insel Poel, Wismar und das Amt *Neukloster* an Schweden. Diese ließen die Festung verfallen, weil sie die kleine Insel Walfisch vor Wismar strategisch ausbauten. Im 18. Jh. verfiel der Schlossturm, Material für den Hausbau wurde im 19. Jh. abgebrochen.

Der Ort wirkt heute noch geheimnisvoll und die Sage um den Schlossberg fast glaubhaft. Drei Jungen sollen beim Spielen Lust bekommen haben, in die Gewölbe unterm Schloss einzusteigen. In einem großen, hell erleuchteten Saal mit Perlen und Gold saß eine steinalte Frau. Ein schwarzer, zottiger Pudel lag (als teuflischer Hüter des Schatzes) zu ihren Füßen. Die Jungen mussten näher an die Frau herankommen und sollten sich mit einem goldenen Kamm kämmen lassen. Groß war das Entsetzen, als der erste Junge mit jedem Strich über das Haar zunächst Pudelhaar bekam und sich dann ganz in solch einen Hund verwandelte. Die beiden anderen liefen weg, starben aber bald darauf.

Seitdem wird der Ort von Kindern gemieden. Alle zehn Jahre zu Mitternacht schickt die Alte ihre Pudel durch die Festungsanlagen.

Die Pudel sind als Geister nicht zu sehen und können nicht bellen. Nur das unruhige Vieh spürt deren Anwesenheit.
→ Strasburg, → Garz, → Greifswald

Kloster (Insel Hiddensee, Lkr. Vorpommern-Rügen)

Verborgenes auf Hiddensee

Die Insel Hiddensee ist der kleine westliche Nachbar der Insel Rügen in der Form eines Seepferdchens. Im »Nackenbereich« des Fisches liegt der bedeutendste Ort und das kulturelle Zentrum der Insel – Kloster. Von *Stralsund* oder *Schaprode* auf Rügen (mit großem bewachten Parkplatz) ist die autofreie Insel per Schiff erreichbar. Fahrräder können mitgenommen oder auf der Insel ausgeliehen werden.
Es ist eine Insel, die viele Berühmtheiten wie Bertolt Brecht, Franz Kafka, Käthe Kruse, Sigmund Freud, Albert Einstein oder Gerhart Hauptmann (mit Personalmuseum) mit Beginn des 20. Jh. in eine Intellektuellenkolonie verwandelten.

Kloster auf Hiddensee. Zeichnung, 1695

In Kloster war vom 13.–16. Jh. der Sitz des Zisterzienserordens. Nach langsamem Verfall wurde das Kloster 1536 aufgelöst und die Gebäude im Dreißigjährigen Krieg zerstört. Im Ort informiert das Heimatmuseum über die Inselgeschichte. Vitte ist der größte der drei Orte und Verwaltungssitz der Insel. Diese Bezeichnung war seit dem Mittelalter für Heringsanlandeplätze üblich geworden. Schon in der Chronik des dänischen Geschichtsschreibers Saxo Grammaticus, der im 12. Jh. die Kriegszüge der Dänen begleitete, taucht der Name »Hedinsey« auf. Die »Insel des Hedin« (nordischer König) wurde unter dänischer Herrschaft auch »Hedins Oe« genannt und dann wohl umgangssprachlich eingedeutscht zu »Hiddensee«.

In den Sagen gibt es andere Erklärungen für die geographischen Namen. Vom Kloster kommend taucht einst ein Mönch etwas südlich in einem Ort auf und bat um Einlass sowie Übernachtung. Die garstige Mutter Hidden wies ihn barsch ab. Bei der guten Mutter Vidden aber bekam er zu Essen und ein Nachtlager. Als Dankeschön sollte das, was sie am Morgen zuerst beginnen würde, besonders gut gelingen. Beim Abmessen ihrer Leinwand wollte diese kein Ende nehmen, sodass Mutter Vidden dadurch eine reiche Frau wurde. Die neidische Mutter Hidden erfuhr davon und lotste den Mönch eines Abend auch in ihr Haus. Auf das morgendliche Dankeschön freute sie sich besonders, plante sie doch, das Geld zu zählen. Gerade wollte sie damit beginnen, als die Kuh nach Wasser brüllte. Um Ruhe zum tagelangen Geldzählen zu haben, gab sie dem Tier schnell einen Eimer Wasser. Doch nun setzte das unerschöpfliche Wunder ein. Mutter Hidden musste so lange Wasser schöpfen, bis ihr Ackerland unter Wasser lag und sie später verarmt starb. Nach der guten Mutter Vitten wurde der Fischerort Vitte benannt. Das umgebende Wasser und später auch die Insel sollten zur Warnung vor fehlender Gastfreundschaft und Habgier fortan Hiddensee heißen. Nicht nur deshalb sind die Inselbewohner nette Leute.

Klütz (Lkr. Nordwestmecklenburg)

Des Kaisers neue Stätte

Nach der Stadt Klütz wurde ein entlegener Landvorsprung zwischen Dassower See, Lübecker Bucht, Wismarer Bucht sowie der Bundesstraße zwischen Lübeck und Wismar als Klützer Winkel benannt. Klütz ist seit 1938 Stadt und führt im Wappen eine Eule,

Laubblätter und einen Schlüssel. Das sind Hinweise auf die slawische Ortsbezeichnung für Schlüssel bzw. Quelle sowie eine einst waldreiche Gegend, die nur noch westlich von Klütz erhalten ist. Eine Straße in Klütz heißt »Im Kaiser«. Dieser Ort ist naturräumlich durch Anhöhe und ehemaligem Wald interessant, von einem möglichen Kaiser scheinen jedoch alle Spuren verwischt. Wenn man von hier direkt weiter zur Klützer Galerieholländermühle von 1902/04 geht, so findet sich im Foyer der Mühlengaststätte ein hölzernes Wandbild des Künstlers Wolfgang Schumacher. Ein Schwein wird geritten und stellt den Bezug zu »Im Kaiser« her.
»Im Kaiser« soll einst ein alter Kaiser gewohnt haben, der von seinen eigenen Leuten ermordet wurde. Hier wartet er, wohl unterirdisch, auf seine Erlösung. Alle hundert Jahre zeigt sich eine Sau. Wenn einer diese reitet, ist der Kaiser erlöst. Obwohl das Schwein schon gesehen wurde, hat sich bislang niemand getraut, das Tier zu reiten, also zu zähmen.
Das Schwein stand bei den Germanen als Haus- und Opfertier in hohem Ansehen. Es war aber auch Hexen-, Teufels- und Seelentier. Gerade zur dunklen Jahreszeit liefen die Haustiere in Dorfnähe herum, um sich Futter zu suchen. Da sie bei großer Stille plötzlich zu grunzen anfangen können, gibt es viele Geschichten von abends zu Tode erschrockenen Wanderern, denen die Schweine auflauern. Ermordete und Tote, die sich eine Schuld aufgeladen hatten, stellte man sich als herumirrende Schweine vor. Der auf den Beinamen des römischen Diktators Julius Caesar zurückgehende Begriff Kaiser wurde von den Germanen als Gattungsname für »Herrscher«

Herumgeisternde Sau

genutzt. Sagen mit einem Kaiser scheinen hier im Lande kaum einen Hintergrund zu haben. Und doch steht die Ersterwähnung des Waldes »Clutse« (Klütz) im Jahre 1188 mit Kaiser Friedrich I. Barbarossa (1152–1190) in Verbindung. Kaiser »Rotbart« gestattete damals den Lübeckern, hier Holz für den Haus- und Schiffbau zu schlagen. Zwei Jahre später starb der Kaiser im Fluss Saleph in Kleinasien tragisch und kehrte nie zurück. Das führte zu der vor allem im Kyffhäusergebirge angesiedelten Legende um seinen bis zu seiner Erlösung andauernden Schlaf.

Kruckow (Lkr. Vorpommern-Greifswald)

Sühnekreuz am Gartenzaun

Fährt man von Demmin die Bundesstraße 110 in Richtung *Jarmen*, liegt kurz vor dem »Straßen-Knick« das Dorf Kruckow. Südlich davon geht der Weg nach *Schmarsow*. Am Dorfausgang gleich links steht nach etwa 50 m zwischen Gartenzaun und Feld im Gebüsch ein mannshohes Steinkreuz ohne Inschrift.

Ermordung aus Habgier

Es heißt, dass der Kalkstein vom weidenden Vieh glatt geschliffen wurde. Der Sage nach soll es ein Grabmal für einen Viehtreiber sein, der von Wegelagerern vor Jahrhunderten an genau dieser Stelle überfallen und hier auch begraben wurde.
Mit großer Sicherheit handelt es sich dabei um einen mittelalterlichen Sühnestein. Meist wurden diese Steine von den Mördern als Zeichen der Sühne errichtet und sollten so wie ein Denkmal an die grausige Tat erinnern. Im 16. Jh. wurde die Totschlagssühne zwar aufgehoben, war aber über diesen Zeitpunkt hinaus noch in Gebrauch.
→ Gingst, → Grün Kordshagen, → Pasewalk, → Schaprode, → Schönberg, → Sommersdorf, → Sülsdorf

Kückenshagen (Lkr. Vorpommern-Rügen)

Die zwölf Wald-Apostel

In der Region recht bekannt, doch schwer zu finden, sind die Apos-telsteine bei Kückenshagen im Behrenshäger Holz, südlich des Kirchdorfes Saal. Das Dorf an der Ostseite des Saaler Boddens ist über *Ribnitz-Damgarten* in nördlicher Richtung zu erreichen. In Kückenshagen fährt man an das südöstliche Dorfende bis zum Schild »Töpferei«. Zu Fuß erreicht man den Waldweg im Osten und geht nach links bis zum Schild »Apostelsteine«. Von dort sind es noch etwa 500 m vorbei am Nadelwald bis zum Eichenwald, in dem die Steine stehen. Der Steinkreis liegt nach Überquerung einer Eichenwald-Schneise im südöstlichen Quadranten des kleinen Waldes. Der Steinkreis liegt nahezu genau auf der Hälfte der Luftlinie zwischen den Dörfern Saal und *Tempel*.
Die zwölf im Kreis angeordneten, alle noch sichtbaren Granitsteine sind vorwiegend kniehoch, teils ragen sie nur noch wenig aus der Erde heraus. Der Durchmesser der wahrscheinlich eisenzeitlichen Anlage aus der Zeit um 600 v. Chr. beträgt rund 12 m. Solche Steinkreise werden – wie auch der Boitiner Steintanz – als Hexentreffpunkt wie auch als astronomisch geplanter Ort gedeutet. Da es keine Bodenfunde gibt, darf man von kultischer Nutzung ausgehen.

Zwölf ist eine Zahl des astronomischen Zeitrhythmus. Die zwölf Zeichen des Tierkreises gliedern das Jahr in zwölf Monate. Tag und Nacht haben jeweils zwölf Stunden. Die Zwölfzahl in der Bibel hängt mit den zwölf Stämmen Israels und den zwölf Aposteln zusammen. Jesus hat die zwölf Apostel (oder Jünger) aus einer großen Zahl von Anhängern ausgewählt, um sein Werk fortzusetzen. Meist sitzen oder stehen die Apostel in einer Reihe. Da man sich diese Steine gut als Figuren vorstellen konnte, gab es kaum eine andere Lösung als der christliche Bezug zu den Aposteln, die jedermann aus Kirchendarstellungen kannte.

→ Boitin, → Rostock

Die Apostel Peter und Paulus

Kühlungsborn (Lkr. Rostock)

Seeräuber Bruhns Hauptunterschlupf

Kühlungsborn ist das größte Ostseebad Mecklenburg-Vorpommerns. Es entstand als Stadt mit dieser Bezeichnung erst 1938 durch den Zusammenschluss der drei Orte *Arendsee* (Kühlungsborn West), *Brunshaupten* und *Fulgen* (Kühlungsborn Ost). Die

neue Namensgebung bezieht sich auf das südlich gelegene Waldgebiet »Kühlung« und Amelungsborn als Mutterkloster des benachbarten *Doberaner* Klosters. Zwar begann in Fulgen der Badebetrieb im Jahre 1850 und dehnte sich dann bald auf die anderen beiden Orte aus. Die meisten Überlieferungen betreffen jedoch das Kirchdorf Brunshaupten.
Vor Jahrhunderten soll hier der Sage nach ein Arm der Warnow in die Ostsee gemündet sein. Die hohen, bewaldeten Berge der »Kühlung« boten einem Seeräuber namens Bruhns Unterschlupf. Als die Rostocker im Jahre 1284 in die Hanse aufgenommen wurden, verfolgte man die Seeräuber. Bruhns wurde gefangengenommen. Als Gegenleistung für seine Freilassung schwor der Seemann, von seinem Geschäft zu lassen und eine Kirche an dem Ort zu bauen. Tatsächlich wurde die Feldsteinkirche im 14. Jh. gebaut. Auch für den verbretterten Westturm aus dem 16. Jh. und weitere Anbauten gab es überlieferte Spenden der Schiffbrüchigen vor Brunshaupten.

Riesige Aufgabe – das Zuschütten der Ostsee

Die »Kühlung« ist ein auffälliges und fast »mittelgebirgiges« Waldgebiet südlich von Kühlungsborn und bietet Stoff für viele Sagen. Es entstand vor etwa 16 000 Jahren durch Anhäufung weichseleiszeitlicher Gesteine. Wahrscheinlich rührt der Name von den vielen »Kuhlen« zwischen den steilaufragenden Hügeln her. Noch im 18. Jh. war die Kühlung ein reiner Laubwald, bis Anfang des 19. Jh. die ersten Nadelwaldflächen die heutige Mischung ermöglichten.
Die Sage gibt für die übernatürlichen Riesen der »Diedrichshägener Berge« (Bezeichnung im 19. Jh. für die heutige »Kühlung«) das selten genannte Maß von 60 Fuß Höhe (ca. 20 m) an. Einmal wollten diese großen Leute die ganze Ostsee zuschütten und trugen südlich von Brunshaupten in ihren Schürzen die Erde zusammen. Nun ist die Kopfarbeit erwiesenermaßen nicht die Stärke der schwerfälligen Riesen. Sie merkten trotzdem recht bald, dass sie mit ihrer Arbeit nie fertig werden würden und außerdem bei den ausgehobenen Löchern noch neue Seen anlegen müssten. So hinterließen sie die vielen kegelförmigen Hügel und uns eine schöne

Landschaft. Jeder Hügel soll eine Schürze voller Erde sein. Der Diedrichshägener Berg (130 m) bietet als höchster Punkt der Kühlung eine herrliche Land- und überraschende Seesicht. Von hier aus sollen Seeräuber die Küste kontrolliert haben. Auch das verwunschene Schloss Gammelin soll hier gestanden sein, dürfte aber auf den Hügeln kaum Platz gehabt haben. Nach der Sage soll dieses Schloss mit Ketten unter der Erde am Emporkommen gehindert worden sein, sodass es überzeugenderweise nichts als Berge zu sehen gibt. Das sei die Strafe dafür, dass die Schlossherrin und wohl zu schöne Jungfrau Sarah sich der großen männlichen Bewerberschar verweigerte. Ein »Schlossberg« ist noch heute am Parkplatz ausgeschildert.

Blocksberges Errichtung

Mitten im heutigen Stadtwald, der die beiden großen Kühlungsborner Stadtteile verbindet, liegt der ausgeschilderte Blocksberg, der auch hier mit Hexen in Verbindung gebracht wird. Blocksberge als Flurnamenbezeichnungen sind über das ganze Land verteilt und beziehen sich auf den »Block« (den Klotz) des Scharfrichters, der auf speziellen Hügeln vor den Gemeindetoren die Hinrichtungen – auch die angeklagter »Hexen« – vornahm. Blocksberge konnten sowohl natürliche Erhebungen als auch künstlich errichtete Erhöhungen wie Burgen oder Grabhügel sein. Diese un- bzw. übernatürlich wirkenden »Berge«, die mit dem Tod in Verbindung standen, stellte man sich als Orte des nächtlichen Hexentanzes unter Herrschaft des Teufels als Ziegenbock vor.

Das Hügelgrab aus der Bronzezeit (1800 – 600 v. Chr.) von 2,50 m Höhe und etwa 13 m Durchmesser wurde 1957 ausgegraben und wissenschaftlich bearbeitet.

Man fand drei nahezu leere Gräber als Steinsetzungen und eine zum Totenkult gehörende Brandstelle.

→ Penzlin

Blocksberge sind Treffpunkte der Hexen und Teufel. 1668

Kuppentin (Lkr. Ludwigslust-Parchim)

Wettkampf der Riesen

Nordwestlich der Stadt Plau kommt man auf Nebenstraßen über die Bundesstraße 109 in Richtung *Lübz* zum Kirchdorf Kuppentin. Die Kirche mit Feldsteinsockel wurde im 13. Jh. begonnen und bekam im 18. Jh. einen Holzturm.

Kirchtürme aus Holz sind in Mecklenburg nicht so häufig und so machte man sich wegen dieses Makels seine Gedanken. Die längst verstorbenen Riesen sollen nun die Schuld tragen.

Fast scheint es, als hätte sich jemand im 19. Jh. am Schreibtisch diese Sage ausgedacht. Zu genau ist der Wettbewerb der Riesen geographisch beschrieben worden. Der Widerspruch zwischen dem jungen Turmbau und den meist vor Jahrtausenden angesiedelten Riesen störte dabei nicht. Und so wird über den Wurfwettkampf der Riesen berichtet: Die Riesen aus *Daschow* und aus *Kritzow* traten vor Jahren mit großen Steinen zum Wettkampf an. Ziel war der Kuppentiner Kirchturm. Ein daneben geworfener Fels der Daschower Riesen lag noch im 19. Jh. bei dem Dorfe *Brook* und wurde dann in einem Stallfundament verbaut. Die Kritzower Riesen aber trafen den Turm, der dann in Holz neu errichtet wurde. Auch der Kritzower See wurde von den Riesen angelegt. Durch das Ausheben entstand der nahe liegende Schwarze Berg. In der Nähe sollen Riesen begraben sein. Irrlichter, die ab und an dort erscheinen, gelten als die Seelen der verstorbenen Riesen.

Kirche in Kuppentin. Foto: Hartmut Schmied

L

Laage (Lkr. Rostock)

Eine missliche Lage

Die Stadt Laage hat gut 20 km südlich von *Rostock* ihre eigene Autobahnabfahrt von der A 19 in Richtung Osten. Der Flughafen Rostock-Laage ist der größte des Landes und knüpft an die Markt- und Handelstraditionen der Ortschaft an. Nordwestlich der alten Kronskamper Dorfstraße nahe der Recknitz in Richtung Bundesstraße 108 liegt der gut 40 m hohe Köppenberg und wird durch die Bahnlinie geteilt. Hier soll die Burg Kronskamp gelegen haben, deren Existenz durch Funde verfallener Gewölbe wahrscheinlich ist. Früher hieß die Anhöhe der »Heilige-Geist-Berg«, da einstige Belagerer von Laage eine Kapelle mit diesem Namen bauten. Köppenberg kommt von köpfen (niederdeutsch »köppen«). Der Ritter dieser Festung hatte eine schöne Tochter. Sie verliebte sich nicht ganz standesgemäß in einen Knappen. Ein Kind aus dieser Beziehung brachte sie aus Angst vor Entdeckung sofort um. Dafür wurde Marie vom Gericht verurteilt und auf dem Berge enthauptet. Ihr Liebhaber hatte sich vor Verzweiflung zeitgleich in die nahe Recknitz gestürzt. Nachts sollen die schöne Marie vom Berge und der Knappe aus der Tiefe des Flusses rufen.

Bauarbeiten an einer Burg. Holzschnitt

Loitz (Lkr. Vorpommern-Greifswald)

Schwarz vor Augen

Fährt man von *Demmin* kommend auf der B 194 Richtung Norden nach *Grimmen*, kommt man bald an eine Wasserstraße, die Peene. Hier liegt die Stadt Loitz an einem alten Übergang über den schiffbaren Fluss. 1242 wurde die Stadt nach lübischem Recht gegründet und mit Land ausgestattet. Mitten in der Stadt steht die einstige St.-Jürgen-Kapelle (heute: Lutherkirche) mit aufgelassenem Friedhof.

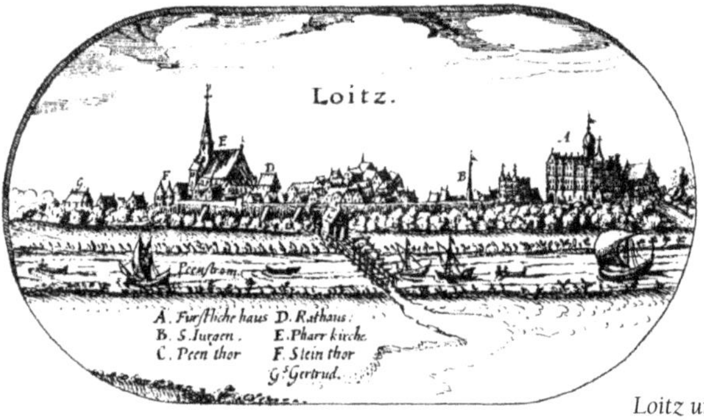

Loitz um 1618

Die Sage erzählt von der nächtlichen Ankunft eines Schiffes mit schwarzen Segeln im Hafen. Nur der Nachtwächter hatte dieses beobachtet. Eine schwarze Gestalt verließ den Segler und ging gezielt in die St.-Jürgen-Kapelle. Dazu umrundete er das Kirchlein dreimal, bis sich ihm die Pforte öffnete. Neugierig geworden, schaute der Nachtwächter durch das Schlüsselloch. Dort sah er den schwarzen Seemann in einem silbernen Sarg liegen. Am Morgen schlief der »Wachmann« noch wie betäubt vor der Kapellentür. Niemand wollte ihm das Erlebte glauben. Er verlor sein Amt wegen vermeintlicher Trunkenheit. Trübsinnig geworden, stürzte sich der alte Nachtwächter an der Stelle, wo einst das Schiff mit schwarzen Segeln anlegte, in die Peene. Im gleichen Augenblick soll die Seele des schwarz gekleideten Seemannes in den Himmel gefahren sein.

Luckow (Lkr. Vorpommern-Greifswald)

Ein saustarker Fund

Das Kirchdorf Luckow liegt im nordöstlichsten Zipfel des Landkreises dicht an der polnischen Grenze. Es kann über *Ueckermünde* entlang der am Haff in östlicher Richtung vorbeiführenden Landstraße über *Bellin* und *Vogelsang* erreicht werden. Die Fachwerkkirche von Luckow wurde 1725/26 erbaut und hat drei Glocken, von denen eine mit dem untergegangenen Dorf Damgarten in Verbindung gebracht wird.

Auf einer Wiese beim Gut Vogelsang nördlich von Luckow soll einst ein Dorf gestanden haben. Vor Jahren hütete ein Hirt dort seine Schweine. Ein Rüsseltier brachte dabei eine Glocke zum Vorschein. Sofort wollten die Ueckermünder die Glocke mit acht Pferden herausziehen. Das gelang einem Bauern aus Luckow, der dafür nur zwei Ochsen brauchte. Das spricht dafür, dass dem Bauern das gute Stück auch zustand. Die Luckower hängten die Glocke in ihrem Kirchturm auf und bewunderten ihren Klang. »Su borg – Damgorden!« hallte es. Damit würdigt die Glocke bis heute den Finder und den Namen des untergegangenen Dorfes. »Suborg« ist im Niederdeutschen ein kastriertes Schwein (Sau oder Eber).

→ Röbel

Ludwigslust (Lkr. Ludwigslust-Parchim)

Es ist nicht alles Gold was glänzt

Anheimelnd ist es im Schloss und unheimlich im Schlossgarten. Ein Zentrum der geheimen Fertigung von Pappmaché war das mecklenburgische Ludwigslust. Die ehemalige Residenzstadt wird auf der fast schnurgeraden Bundesstraße 106 von Schwerin aus in Richtung Süden erreicht. Es musste einst eine kurze Verbindung für die Kutschen sein, denn vor Ort wurde ein Jagdschloss errichtet. Von 1756 bis 1837 lenkten die Schweriner Herzöge von hier aus die Geschicke des Landes.

Klenow (slawisch »Ahorn«) war als frühes Dorf der Ausgangspunkt für die neue Gründung. Typisch für das Zeitalter des Ab-

Schloss Ludwigslust. Lithographie, 1845

solutismus war die Benennung des Jagd- und Lustschlosses (erbaut 1731/35, abgerissen 1776) und dann des Ortes ab 1754 in französischer Manier nach Herzog Christian Ludwig II. (1683–1756). Das heutige, zwischen Barock und Klassizismus stehende, Schloss wurde 1772/76 erbaut. Mit dem Tode von Großherzog Friedrich Franz I. (1756–1842) wurde die Residenz wieder nach Schwerin verlegt. Ludwigslust erhielt zwar 1876 das Stadtrecht, blieb aber Nebenresidenz.

Große Teile der Innenausstattung des Schlosses bestehen aus oft vergoldeten Papiermaché-Dekorationen, die von 1780 bis 1817 aus der örtlichen Papiermachéfabrik (heute Rathaus) kamen. Höhepunkt der papiernen Gestaltung ist der Goldene Saal. Das Geheimnis der Witterungsbeständigkeit durch Harze und Öle wurde vom herzoglichen Lakaien Georg Bachmann (1738–1815) bestens gehütet, alle Abwerbungen schlugen fehl.

Im Schlosspark war man einst nicht so gut behütet wie im Schloss. Vor allem am zweiten Rondell (rundlicher Mittelpunkt von abgehenden Schneisen) schlich der Juchhans als Geist im Dunkeln umher und ahmte eine juchende Stimme nach. Er mochte es gar nicht, wenn das andere taten. Dann setzte er sich auf deren Rücken und ließ sich tragen. Mit solchen Aufhockern muss man nur bis zum nächsten Kreuzweg laufen, dann springen sie ab. Das (christliche) Kreuz ist ihnen ein Graus. Und man selbst hat drei Auswege …

→ Bad Doberan (Hirsch)

Malchin (Lkr. Mecklenburgische Seenplatte)

Die Turmwette

Die Stadt Malchin, zwischen *Teterow* und *Stavenhagen* sowie Kummerower und Malchiner See gelegen, hat als Ackerbürgerstadt eine vergleichsweise große Stadtfeldmark aufzuweisen. Der Sage nach ist der Name auf folgenden Umstand zurückzuführen: Nördlich Malchins lagen große Weideflächen. Als sich die Bewohner hier ansiedelten und Milchwirtschaft betrieben, bestand die Hauptbeschäftigung im Viehmelken. Anfang des 13. Jh. soll dann aus den ursprünglichen Begriffen »Malekin« oder »Malkyn« der Name Malchin entstanden sein. Zum benachbarten Adel verhielt sich die Stadt (gegründet 1236 durch Nikolaus von Werle) ebenfalls sehr selbstbewusst. Die stolze Bürgerschaft brach im 14. Jh. das fürstliche Schloss offenbar eigenmächtig ab.

Von der Geschicklichkeit der Bürger erzählt auch die Sage um den Fangelturm. Das mehrgeschossige Mauerwerk aus dem 15. Jh. mit einem Giebel vom Ende des 16. Jh. steht am früheren östlichen Stadtausgang. Davor liegt auch das Land, um das es bei der Wette ging und das die Bürger, die ursprünglich alle sehr wenig Acker hatten, gerne dem Ritter von Schloss Kummerow aus dem Adelsgeschlechte der Maltzans abgekauft hätten. Dieser wurde vom Malchiner Rat zu einem Essen eingeladen.

In der launigen abendlichen Runde bot er den Malchinern ein Geschäft an. Alles, was die Städter innerhalb von vier nächtlichen

Malchin. Links der Fangelturm

Stunden »umpflügen« konnten, sollte ihnen gehören. Als Dank sollten sie dem Ritter zu Ehren einen Stadtturm mit seinem Wappen bauen. Solange dieser stand, sollte ihnen das Land gehören. Die Malchiner stürzten los, zogen eine Furche nach *Duckow*, zum Kummerower See und zurück. Geschafft. Auch wenn der Kummerower unter »Umpflügen« das Pflügen der gesamten Fläche verstanden hatte, löste er dennoch sein Versprechen ein. Die Malchiner bekamen das Land, der Adlige seinen Turm. Dieser diente dann Jahrhunderte dazu, Gefangene zu verwahren; deshalb hieß er bei den Malchinern Fangelturm. Als im 18. Jh. der Turm abgerissen werden sollte, erinnerte ein Ratsherr daran, dass in diesem Falle das Land vertragsgemäß wieder an die Nachkommen des Kummerowers fallen würde. So blieb der Turm stehen.
→ Schwerinsburg

Malchow (Lkr. Mecklenburgische Seenplatte)

Traum des Zwergenvolkes – ein Weiberberg

Die Stadt Malchow liegt mit eigener Autobahnabfahrt von der A 19 südlich des Fleesensees am Malchower See. Ein außerhalb von Malchow gelegenes heidnisches Heiligtum soll während des Wendenkreuzzuges 1147 zerstört worden sein. Ob es sich dabei um die Werleburg bei *Laschendorf* gehandelt hat, ist ungewiss. Malchow entstand auf einer Insel zwischen Plauer See und Fleesensee. Bis auf zwei Stadttore gab es wegen der Wasserlage keine großen Befestigungen. Nikolaus I. von Werle (Werleburg) verlieh 1235 Malchow das Schweriner Stadtrecht. Das Büßerinnenkloster (seit 1298) wurde später Zisterzienser-Kloster und nach der Reformation um 1530 schon bald als Damenstift zur Versorgung der unverheirateten Töchter des Adels eingerichtet. Nach einem Stadtbrand von 1721 dehnte sich Malchow auf beiden Ufern, besonders im Norden mit der Neustadt, aus.
Heute gehört das östlich des Malchower Sees gelegene Laschendorf als Ortsteil zu Malchow. Am Ufer zwischen See und dem Dorf liegt ausgeschildert die Werleburg – ein slawischer Burgwall. In den vielen Zwergensagen wird er Weiberberg genannt. Heinrich der

Ein »Unterirdischer«

Löwe soll nach Eroberung der Burg Malchow drei slawische Stammesfürsten gehängt haben. Auf Wehklagen des einen soll Heinrich seiner Familie Land geschenkt haben. Für das Weib gab er dieses Land bei Laschendorf mit dem Berg, für die »Göhren« (Kinder) das östlich gelegene Gut Göhren. Gerade mit Weibern haben die Sagen der Zwerge nichts zu tun. Sie sind ein Volk mit König, sollen Familien haben, von denen man aber nichts weiß.

Im frühen Totenglauben liegen die Wurzeln der Zwergenvorstellungen. Slawische Burghügel und bronzezeitliche, etwa 3 000 Jahre alte Hügelgräber sind im Norden bevorzugte Handlungsorte. Während der Begriff Zwerg mit Kobold oder Dämon in Zusammenhang

gebracht wird, lebten im heutigen Mecklenburg-Vorpommern die »Unterirdischen« (Zwerge). Sie wohnten unter der Erde und zogen meist in hügelartige Behausungen der vorgeschichtlichen Riesen ein. Die heidnischen Riesen sollen mit dem Aufkommen der ersten christlichen Kirchen ausgestorben sein. Die Zwerge dagegen zogen oft erst im 19. Jh. aus dem Lande nach Norden. Nur wer eine Tarnkappe trug, konnte diesen Auszug sehen.
Zum Backen und Brauen wanderten die handwerklich begabten Zwerge des Nachts nach Malchow in die Bürgerhäuser. Auf der Rücktour sollen sie einst einen Fährmann mit Pferdeäpfeln belohnt haben, die dieser empört ins Wasser warf. Ein »Apfel« fiel jedoch ins Boot – und war am nächsten Morgen ein Goldstück.
→ Göhren-Lebbin, → Peckatel, → Sagard, → Werle, → Wismar

Meesiger (Lkr. Mecklenburgische Seenplatte)

Der Schatz am Strand

Nördlich von der Reuterstadt *Stavenhagen* gelegen, gehört der Kummerower See zu den Kleinoden der Mecklenburgischen Schweiz. Ein Bernstein, so groß wie ein Haus, soll »seit Urzeiten« im See liegen. Ab und an zeigt er sich an der Oberfläche. Wenn man ihn in der Johannisnacht (24. Juni) beobachtet, braucht man nur ein schwarzes Tuch auf ihn zu werfen. Der Bernstein geht dann nicht unter. Tags darauf kann man ihn an Land ziehen. Bislang ist es aber keinem Meesigerer gelungen, sodass man auch in Zukunft hoffen darf.
Einen Schatz ganz anderer Art fand ein Meesiger Bauernsohn. Eigentlich suchte er die angeblich von Nonnen am See vergrabenen Schätze. Er fand dabei seinen Schatz: ein Mädchen, dass sich an Land gerettet hatte. Das Schiff ihres Vaters wurde von Seeräubern überfallen. Nur sie konnte sich retten. Die Schatzsuche gab der glückliche Mann auf. Mit seinem neuen Schatz kam er durch Liebe und Arbeit zu Reichtum.
→ Waren

Mildenitz (Lkr. Mecklenburgische Seenplatte)

Teufelsstein als Wurfgeschoss

Zwischen *Woldegk* und *Strasburg* liegt an der Bundesstraße 104 das Kirchdorf Mildenitz. Von der Dorfmitte nahe der Kirche geht man über die Haupt-Kreuzung in Richtung Nordwesten auf die Felder zu. Nach etwa 500 m biegt man den Feldweg nach rechts ab und findet nach weiteren 500 m eine alte Eiche mit dem etwa 2 m hohen Teufelsstein bzw. Riesenstein auf der westlichen Seite des Feldweges..

Von der höchsten Erhebung in Mecklenburg-Vorpommern, den Helpter Bergen (173 m hoch), aus soll einst ein heidnischer Riese aus teuflischer Wut auf die neue Religion einen großen Stein in Richtung Mildenitzer Kirche geworfen haben. Der Herr hielt aber seine schützende Hand über das Gotteshaus und der Stein landete kurz zuvor auf der Wiese, wo er noch heute liegt. In dem ausgehenden Mittelalter hörte man nichts mehr von den Riesen. Das Christentum hatte die großen Heiden zu sehr zermürbt – und sie

Heidnische Riesen, wie sie nach Knochenfunden existiert haben sollen. Stich, 1664

sind lieber ausgestorben. Zumindest fand man in späteren Jahrhunderten riesige Knochen, die einige Wissenschaftler allerdings den Sauriern zuordneten.
→ Dalwitz, → Gatschow, → Kühlungsborn, → Naschendorf, → Putgarten

Mirow (Lkr. Mecklenburgische Seenplatte)

Idyllische Liebesinsel

Eingebettet zwischen Seen und Kiefernwäldern liegt das Städtchen Mirow südlich der Müritz. Es ist über den Autobahnabzweig *Röbel* entlang der B 198 in Richtung *Neustrelitz* zu erreichen.
1226 erhielt der Johanniterorden von Fürst Borwin Mirow als ersten Besitz im Lande Turne. Auf der Halbinsel und heutigen Insel am Südostteil des Sees wurde eine Komturei, ein Verwaltungsbezirk des Ritterordens der Johanniter, aufgebaut. Später wurde der Ort Sommerresidenz und seit 1704 mit eigener Gruft Begräbnisstätte der Herzöge von Mecklenburg-Strelitz.
Auf der Schlossinsel steht das 1749/60 im Barockstil errichtete »obere Schloss«. Das »untere Schloss« wurde außerhalb der Insel 1737 fertiggestellt und beherbergt heute das Gymnasium »Sophie Charlotte«. Die Johanniterkirche des 14. Jh. wurde 1945 niedergebrannt und 1951 neu aufgebaut. Der Wall mit Graben sowie das Torhaus aus dem 16. Jh. sind mit Veränderungen erhalten geblieben. Nach einem Brand 1730 auf der Insel wurde Mirow als Ort mit Marktplatz systematisch angelegt und erst 1919 zur Stadt erhoben.
Die Hofhaltung in Mirow endete 1761 mit dem Tode der Herzogswitwe Elisabeth Albertine. Als Begräbnisstätte hat die Gruft der Johanniterkirche, die den Brand 1945 überstand, bis in unsere Zeit Bedeutung. Herzog Georg Alexander zu Mecklenburg verstarb 1996 und wurde in der Fürstengruft bestattet. Bis auf eine Ausnahme wurden alle Herzöge der Strelitzer Linie wie auch die verstorbenen Gattinnen und Kinder in Mirow beigesetzt.
Nur der letzte regierende Großherzog Adolf Friedrich VI. (1882–1918) liegt wenige hundert Meter von der Gruft entfernt auf der

kleinen, idyllischen Liebesinsel, die sein Grab wurde. Mit 36 Jahren erschoss sich der Herzog am 23. Februar 1918 bei Neustrelitz. Oder er wurde erschossen. Die Umstände seines Todes sind bis heute ungeklärt und von Legenden umrankt. Als Junggeselle war Adolf Friedrich zu Zeiten des Ersten Weltkrieges in die englische Fürstin Daisy Pleß unglücklich verliebt. Aus Standesgründen blieb die Heirat sicher nicht verwehrt. Möglicherweise war es eine Liebe ohne Antwort.

In Kriegszeiten waren die Liebe und der Briefkontakt zum »Feind« gefährlich. Es gab Spionagevorwürfe. Mit dem tragischen Tod des letzten Herzogs endete die Strelitzer Linie ohne Nachkommen und fiel an Mecklenburg-Schwerin. Am 11. November 1918 endete der Erste Weltkrieg. Drei Tage später verzichtete Herzog Friedrich Franz IV. unter Druck auf den mecklenburgischen Thron und ging nach Dänemark ins Exil. Die beiden Freistaaten Mecklenburg-Schwerin und Mecklenburg-Strelitz wurden gegründet.

Das Grabmal für Adolf Friedrich mit gebrochener Säule (für das abgebrochene Leben) und sich darum windender Schlange stellt die Versuchung dar und erinnert an das Schicksal von Adam und Eva. Für die Mirower ist die Anlage mit Steinbänken durch die symbolische Schlange mehr als ein Ort der Geschichte. Der Name »Liebesinsel« für den idyllischen Platz findet auch heute noch seine aktuelle Bestätigung.

Der Sündenfall und die Vertreibung aus dem Paradies

N

Naschendorf (Lkr. Nordwestmecklenburg)

Der Teufelsbackofen – ein Erbe der Riesinnen

Zwischen *Wismar* und *Grevesmühlen*, unmittelbar an der Bundesstraße 105 liegt im Everstorfer Forst ein Parkplatz, der Ausgangspunkt für einen romantischen Ausflug in die Vergangenheit sein kann. Um ihn zu erreichen, muss man etwa 2 km hinter dem Kirchdorf *Gressow* nach rechts in Richtung *Barendorf* abbiegen. Hinter dem Abzweig liegt der Parkplatz, der eine Lageskizze der zwölf Megalithgräber anbietet. Sie zählen schon wegen ihrer Lage im Nadelwald zu den schönsten des Landes, vielleicht ganz Deutschlands. Die »Nordgruppe« bei Barendorf ist von hier knapp 3 km entfernt.

Der Teufelsbackofen gehört zur »Südgruppe« der Grabanlagen und liegt nur wenige hundert Meter vom Parkplatz entfernt. Zu Fuß ist man schon bald an der ausgeschilderten Lichtung angelangt. Neben einem Hünenbett von etwa 20 x 5 m Seitenlänge steht der zweijochige Teufelsbackofen. Ein paar hundert Meter weiter liegt ein steinzeitliches Großsteingrab (Dolmen) von mehr als 40 m Länge.

Die Archäologen gehen von einer Errichtung dieser Grab- und wohl auch Kultanlagen vor etwa 5 000 Jahren aus. Die Sagen be-

Großsteingrab mit Steinfassung. Holzschnitt, 1643

richten vom Untergang der Riesen, die das alte Heidentum verkörpern, vor etwa 700 Jahren, als die Kirchen errichtet wurden. Die Christenmenschen befreiten sich danach selbst von dem übergroßen Naturvolk. Die Riesenbetten sind der »Beleg« dafür. Während die Riesen schliefen, wurden sie lebend in ausgehobene Gruben gerollt und Decksteine darüber geschoben. Die Riesen erstickten und liegen dort, wie man glaubte, noch heute begraben.
Der Teufelsbackofen mit aufgetürmten Granitfindlingen hat im Innern glatt geschliffene Tragsteine. Hier sollen die Riesinnen Brot gebacken haben. Als diese im Mittelalter »ausstarben« und Riesen unglaubwürdig wurden, ordnete man den Platz dem Teufel zu, der hier die menschlichen Sünder »zubereiten« konnte. Eine gut vorstellbare Drohung, die einem den Kirchgang wieder schmackhaft machte.
→ Mildenitz, → Neu Ruthenbeck, → Putgarten

Neubrandenburg (Lkr. Mecklenburgische Seenplatte)

Jungfrauen – weder jung noch Frauen?

Im südöstlichen Zipfel des alten Mecklenburgs und nördlich des Tollensesees liegt die Stadt Neubrandenburg. Am Kreuz der Bundesstraßen 96, 104 und 197 liegend, ist sie gut erreichbar. Den Namen hat der Ort von den brandenburgischen Markgrafen, die in Anlehnung an Brandenburg um 1248 eine Stadt mit gitterförmigem Straßennetz planmäßig anlegten. Schon 1298 ging Neubrandenburg mit dem Land *Stargard* an das mecklenburgische Fürstenhaus über. Mit der Dritten mecklenburgischen Hauptlandesteilung 1701 kam die Stadt zu dem neu entstandenen Herzogtum Mecklenburg-Strelitz, das neben dem Gebiet des heutigen, gleichnamigen Landkreises noch den Ratzeburger Raum um das mecklenburgische *Schönberg* westlich von *Wismar* umfasste.
Nach 1300 begann man mit dem Bau der Stadtmauer. Sie schützte die Stadt, die im Mittelalter durch Fernhandel, Tuchweberei und Bierbrauerei zu besonderem Wohlstand kam. An zwei Stadttoren haben sich sagenhafte »Jungfrauen« erhalten, die noch heute Rätsel aufgeben. Im Treptower Tor bietet das Regionalmuseum

Neubrandenburg weitere Informationen zu den eigenartigen Terrakotten an.
Das Stargarder Tor im Süden der ringförmigen alten Stadt wurde mit seinem 24 m hohen Haupttor um 1350 erbaut und im 15. Jh. durch das Vortor ergänzt. Neun hohe Blendnischen am stadtseitigen Staffelgiebel bergen jeweils eine fast lebensgroße Figur aus Backstein, Terrakotta und Putz. Diese neun nahezu geschlechtslosen Figuren haben ihr Gegenstück am nach 1450 erbauten und damit jüngsten Neuen Tor im Osten der Stadt. Der stadtinnenseitige Giebel hat hier durch ein Mittelfenster jedoch nur acht »Jungfrauen« aufzuweisen. Aussehen und die Acht- bzw. Neunzahl ließen eine Vielzahl von Legenden um die »Damen« entstehen. So könnte es das an Kirchen beliebte Motiv der törichten und klugen Jungfrauen sein. Sowohl fehlende Attribute als auch die niemals zu acht oder zu neunt auftretenden Mädchen lassen Zweifel aufkommen. Es würden (männliche) Ratsherren der Stadt sein, sagen andere, die dann allerdings keine individuellen Züge tragen würden. Böse Zungen behaupten sogar, die Allegorie würde besonders auf die heutigen Stadtoberen zutreffen, die ständig die Hände hochhielten, weil die Stadtkasse leer sei. Ebenso könnten es Engel in segnender Haltung gewesen sein. Alle steinernen Jungfrauen der Stadt zusammengezählt ergibt die Glückszahl 17. In der Bibel endete die Sintflut im Buch Genesis am 17. Tag des siebten Monats. Gab es ein vergleichbares Ereignis mit Wasser wie eine Sturmflut oder Regenmassen in Neubrandenburg? Zumindest über den Vergleich mit anderen Städten, in denen ähnliche Figuren zu finden sind, wird man sich der Wahrheit nähern können.

Die Neubrandenburger »Jungfrauen«

St. Marien in Neubrandenburg. Lithographie, 1845

Türklopfer für ein ehrfürchtiges Schwein

Nicht in St. Marien, wo er einst an der Tür angebracht war, sondern im Regionalmuseum wird der sagenhafte Türklopfer mit Schweinegesicht aus Bronze aufbewahrt. Bei den Kriegskämpfen 1945 fielen etwa 80 Prozent der Neubrandenburger Altstadt den Flammen

zum Opfer. Die Pfarrkirche St. Marien aus dem 13. Jh. wurde stark zerstört und nach Restaurierungsarbeiten erst im Jahr 2001 wieder für Konzerte und Ausstellungen geöffnet.
Auch der ursprünglich außen und dann zum Schutz innen angebrachte Türklopfer von St. Marien wurde 1945 durch Hitze teils verformt. Der plastische Eberkopf mit darunter hängendem Ring hat eine schildförmige Grundplatte von etwa 20 x 20 cm. Die umlaufende Inschrift hat Sagenüberlieferung und Wissenschaft zu Vorschlägen angeregt. Die deutschen Buchstaben lauten: »+ ich heyte . herman . Ram + ich . byn . tam . zam . eyn . lam . amen +.« Das würde bedeuten: »Ich heiße Hermann Ram und ich bin so zahm wie ein Lamm. Amen.« Es könnte sich dabei um den Meister handeln, der das Stück angefertigt und sich selbst verewigt hat. Im süddeutschen Raum heißt »Ram« nämlich Eber.
Der Archäologe Volker Schmidt verweist auf den Eberkult bei den Slawen und geht bei »Hermann« etymologisch auf »Mann des Heeres« zurück. Danach würde der Inhalt lauten: »Ich bin der Kriegsherr der Slawen und bin so zahm wie ein Lamm. Amen.« Eine plausible Erklärung für eine Zeit, in der die slawische Bevölkerung sich einer starken christlichen Kirche gegenüber sah und sich unterordnen musste.
Die Sage erzählt zumindest die Bändigung eines »Ungläubigen«: Einst soll ein wilder Keiler, der die Felder verwüstete und großen Schaden anrichtete, gejagt worden sein. Dabei wurde er von den Hunden durch das Stargarder Tor direkt in die Marienkirche gejagt. Zähnefletschend raste das Tier bis vor den Altar. Der Priester war gerade beim Gottesdienst und hob nun das Kruzifix. Da fiel das Schwein ehrfurchtsvoll vor ihm nieder und war fortan zahm wie ein Lamm. Seit seinem friedlichen Tode soll der Eber bis heute zur Geisterstunde auf dem Gelände des alten Marienkirchhofs herumlaufen.

Land der Lindwurmfamilien

Vor dem Treptower Tor am westlichen Ende der mittelalterlichen Stadt steht nur wenige Minuten entfernt an der Ecke Rostocker Straße/Am St. Georg die Spitalkirche aus dem 15. Jh.. Es war ein Armenhaus, das vom naheliegenden Kloster *Broda* seelsorgerisch betreut wurde. Mit der Reformation ging die Kirche als Eigentum an die Stadt. Eine Reliefplastik des Heiligen Georgs als Drachentöter aus dieser Kirche wird heute im Museum der Stadt aufbewahrt.

Drache.
Holzschnitt, 1670

Viel zugetraut hat sich der Sage nach der Ritter Georg. Die sagenhafte Heiligenverehrung des Georg, nachdem mit Georgien sogar ein ganz Land benannt wurde, hat in Neubrandenburg sehr lokale und weltliche Züge. Um Neubrandenburg herum sollen ganze Lindwurmfamilien gehaust haben. Sie terrorisierten die Bevölkerung. Als einst ein Bauer bis ans Treptower Tor von einem Lindwurm (flügelloser oder stummelflügeliger Drache) verfolgt wurde, kam Ritter Georg herausgeritten und erschlug mit seinem Schwert das Untier. Ihm zu Ehren wurde die St. Georgskapelle errichtet. Vielleicht mag mit diesem Ereignis das Interesse der Neubrandenburger an dem Lindwurm aus Tützpatz zusammenhängen, den sie sich ausgestopft in die Stadt geholt haben sollen.

→ Tützpatz

Eiskalt kalkuliert

Mit 11 km Länge ist der südlich an Neubrandenburg grenzende See ein die Region bestimmendes Gewässer, das sich auch in der Sagenwelt widerspiegelt. Bei einer Wassertiefe bis zu 32 m zeigt der See sich als Wärme- oder Kältespeicher. Ähnlich wie bei der Ostsee wird im Herbst nur allmählich die Wärme freigegeben. Dafür kann es im Mai schon noch Winterwassertemperaturen von sechs bis acht Grad geben. Dann aber heizt sich der See schnell auf. Weil im Dezember zwar kleinere Teiche und Seen des Umlandes bereits zugefroren waren, die Tollense aber noch eisfrei war, fand man schon früh eine Erklärung, die in einer Sage überliefert wurde.

Fischfang mit Netzen. Holzschnitt, 1484

Einst soll die Tollense doch schon im Dezember zugefroren gewesen sein. Zwei Fischer nutzen daher am Morgen des ersten Weihnachtstages die Chance, um auf dem Eis Fische zu fangen. Sie hatten Glück, wollten aber noch weitermachen, obwohl die Kirchenglocken den Gottesdienst ankündigten. Auch während des Kirchgangs arbeiteten sie weiter. Da tauchte neben ihnen ein großer, ernster Mann auf und mahnte sie wegen des heiligen Festtages. Nie wieder sollten sie in Zukunft das Weihnachtsfest durch den Fischfang entheiligen. Und als Strafe für ihren Frevel sollte die Tollense zu Weihnachten nicht mehr zufrieren. Jedes Jahr kann man nun beobachten, ob dieser Fluch noch wirkt.

Neukloster (Lkr. Nordwestmecklenburg)

Die Wiege des Goldes

Das beschauliche Städtchen ist über einen eigenen Abzweig »Neukloster« der Küstenautobahn A 20 wenige Kilometer östlich von Wismar zu erreichen. In der noch slawisch besiedelten Landschaft wurde 1219 das Benediktinerinnenkloster Sonnenkamp angelegt. Bereits 1170 wurde das slawische Dorf Kuczin urkundlich erwähnt, bei dessen deutscher Burg man das neue Kloster erbaute. Es wurde aus dem umkämpften Gebiet von *Parchow* bei *Neubukow* hierher verlegt und deshalb seit etwa 1240 Neues Kloster (lat. Novum claustrum) genannt. Die Burg verfiel, das Klosterleben beherrschte den Ort.

Seit 1267 wurde das Kloster als Zisterzienserkloster bezeichnet. Zahlreiche Liegenschaften kamen im 13. und 14. Jh. hinzu. 1362 gehörten 37 Dörfer zum Kloster, das aus ihnen Abgaben bezog. 1555 wurde Neukloster säkularisiert, der Kirchenbesitz ging an den besonnenen mecklenburgischen Herzog Ulrich III. (1527–1603). Nach dem Dreißigjährigen Krieg fiel 1648 durch den Westfälischen Friedensschluss das Amt Neukloster zusammen mit Wismar und der *Insel Poel* bis 1803 an Schweden. 1862 wurde das Kloster Landschullehrerseminar, 1864 auch Blindenanstalt. 1938 erhielt der Ort das Stadtrecht. Die Stadt wird heute wesentlich durch das mittelalterliche Klosterensemble mit weiteren Bauten des 19. und

Das Siegel von Neukloster. 1279

20. Jh. geprägt. In den alten Teilen des Klosters ist die Sage von der goldenen Wiege zu Hause. Zur Zeit der Reformation um 1550 sorgten sich 54 Nonnen im Kloster um ihren Besitz, den sie tatsächlich später an den Herzog abtreten mussten. Schon rechtzeitig sollen sie im Klosterkeller in einer goldenen Wiege, die für einen neuen Anfang steht, Goldstücke gesammelt haben. Damit wollten die Nonnen, da sie mit Brandschatzung rechneten, nach einem Feuer den Einwohnern wie auch dem Kloster helfen.
Ein großer schwarzer Truthahn mit glühenden Augen bewacht bis heute den Schatz vor Eindringlingen. Den Vogel mit seinen kräftigen Krallen und einem mächtigen Schnabel bestellten die Nonnen zum Wächter. Das Tier kreist ständig um die Wiege. Sobald es Schritte hört, schlägt es laut mit den Flügeln auf den Kellerboden. Kommt jemand mit einer Kerze, löscht der Wärter das Licht mit seinen Flügeln und nur noch die funkelnden Augen des Truthahns sind zu sehen. Bislang hat jeder sofort den Rückweg angetreten.
Meist ist der Hüter von Schätzen ein schwarzer Pudel. Nur bei den Slawen galt der Truthahn als Hexentier. Die Nonnen wählten also einen Wächter aus vorreformatischer Zeit.

Neu Ruthenbeck (Lkr. Ludwigslust-Parchim)

Großmutters vegetarische Lieblingsspeise

Auf nahezu halber Strecke zwischen *Parchim* und *Crivitz* liegt an der Bundesstraße 321 das Dorf Neu Ruthenbeck. In der Dorfmitte biegt man nach Norden in die Straße „Am Hühnengrab" ein, um am Dorfende noch etwa 200 m zu Fuß entlang der Baumreihe zum Teufelsbackofen, einem Großsteingrab, zu gelangen.

Dieser »Ofen« befindet sich in schauriger, aber passender Umgebung. Nördlich von ihm gibt es die Mordkuhle, das Teufelsbachtal und einen Blocksberg (slawischer Burgwall). Südlich grenzen an das steinzeitliche Monument am Teufelsbach die Hölle und der Galgenberg, die als Flurnamen bei den Einheimischen bekannt sind.

Der Teufelsbackofen ist ein etwa 5 000 Jahre altes Großsteingrab mit großem Deckstein und freier Öffnung. Diese backofenartige Form ist nicht selten im Lande und wird mehrfach so benannt. Die vielen sagenhaften Flurnamen erlauben hier aber eine recht komplette ortsbezogene Geschichte. Nach der Eiszeit lebten die Riesen im Lande. Die Riesenbetten (archäologisch Dolmen für langgezogene Großsteingräber) zeugen noch heute davon. Der Teufel wohnte in einer Höhle bei Ruthenbeck, die Hölle genannt wird. Einem benachbarten Riesen war dieses nicht recht und er warf

Für den Teufelsbackofen waren nicht nur Äpfel bestimmt.

den größten Stein in Richtung Teufel. Der freute sich und baute daraus für die Großmutter einen Backofen. Ihre Lieblingsspeise waren Bratäpfel. Bei entsprechender Witterung kann man morgens den Dampf aufsteigen sehen, als würde des Teufels Großmutter gerade beim Backen sein.

→ Naschendorf

Neustadt-Glewe (Lkr. Ludwigslust-Parchim)

Gefahr für Mondsüchtige

Die Stadt mit dem Doppelnamen findet man etwas östlich der Luftlinie Schwerin–Ludwigslust und südlich der gleichnamigen Autobahnabfahrt. Noch vor 1248 errichteten die Grafen von Schwerin neben dem slawischen Dorf Glewe (von »Stall«) die Burg Neustadt-Glewe. Das »Alte Schloss« wird die Burg im alten Zentrum des Ortes heute genannt. Sie gehört zu den in Mecklenburg-Vorpommern am besten erhaltenen mittelalterlichen Burganlagen, beherbergt als kulturelles Zentrum das Museum der Stadt.

Der Neustädter See liegt nordwestlich der Burg am Rande der Stadt. Hier soll nach der Sage ein Kloster untergegangen sein. Ein Kloster hat es hier jedoch höchstwahrscheinlich nicht gegeben. Vielleicht waren die Mauern und Türme der Burg Vorbild für die Beschreibungen. Es handelt sich geologisch um einen Einsturzsee, der zumindest das Versinken eines Klosters gut vorstellbar macht. Nach Aufzeichnungen aus der Zeit um 1900 ist er über 40 m tief, bei einer Ausdehnung von etwa 1,2 x 1,6 km. Starke Verschlickungen lassen ihn nur noch rund 30 m tief erscheinen – auch das alles Nährstoff für die Sage. Kein Zu- und Ablauf sowie eine vermutlich unterirdische Quelle sprechen für einen wundersamen See.

Auf der heutigen Fläche des Sees soll einst ein prächtiges Kloster gestanden haben. Die Insassen provozierten durch ihr »gottloses« Verhalten dessen Untergang. In hellen Mondnächten taucht immer wieder eine Klosterfrau wehklagend am Ufer auf und ist dann mit Waschen beschäftigt. Kurz nach dieser Erscheinung holt sich der See sein Opfer. Vorsicht ist geboten, denn auf diese Weise verschwand schon eine ganzes Fuhrwerk mit Pferden und Kutscher im randflachen See. Bei Neumond scheint der See sicherer zu sein – und unheimlicher.

Burg von Neustadt

Neustrelitz (Lkr. Mecklenburgische Seenplatte)

Sich regen bringt Segen

Die alte Residenzstadt Neustrelitz liegt im südlichen Teil des seit 1994 bestehenden Landkreises Mecklenburg-Strelitz. Vom Markt kommt man durch die Schlossstraße mit Stadtmuseum hindurch direkt auf die Schlossgartenanlage. Hier steht in Nähe der Orangerie das Denkmal für den Großherzog Georg (1779–1860). Das recht junge ehemalige Herzogtum wurde im Jahre 2001 dreihundert Jahre alt. Es ist 1701 durch die letzte mecklenburgische Landesteilung entstanden.

Schon bis 1712 war Alt-Strelitz Residenzstadt. Nach einem Schlossbrand verhinderten die hohen Kosten und Streitigkeiten mit der Bürgerschaft den Aufbau an gleicher Stelle, sodass die Familie ihr Jagdschloss am Zierker See in den Jahren 1726 bis 1731 zum neuen Residenzschloss ausbauen ließ. Kurz darauf entstand die neue Stadt Neustrelitz, die seit 1759 eine Stadtverordnung hatte und 1841 ihr Rathaus einweihte. 1945 brannte das Schloss ab und wurde nicht wieder aufgebaut. Der Schlossgarten aber mit über fünfzig verschiedenen Baumarten und den zahlreichen verstreuten Gebäuden und Plastiken steht bis heute. Ursprünglich barock, wurde der Garten unter der Regentschaft von Großherzog Georg in den Jahren 1842/43 zum englischen Landschaftspark umgestaltet. Georg war der Bruder der preußischen Königin Luise, die im nahen *Hohenzieritz* starb. 1866 wurde das bronzene Denkmal für Georg auf dem Markt eingeweiht und dort 1956 entfernt. Es lag dann, noch mit Einschusslöchern des Krieges, in der Kirche von *Gägelow* bei *Sternberg* und wurde restauriert im August 1989 mit neuem Sockel am jetzigen Standort wiedererrichtet. Das Denkmal hatte der in Neustrelitz geborene Albert Wolff (1814–1892) geschaffen. Mit der erneuten Aufstellung des Denkmals wurden humorvolle Deutungen zur segnenden Geste der großherzoglichen, vorgestreckten Hand in mehreren Meter Höhe angestellt. Reinliche Neustrelitzer behaupten, so hoch würde bald der Schmutz liegen, wenn nicht mehr getan würde. Auch könne man »Absprachen unter der Hand« tätigen. Verliebte Paare dürfen sich hier probeweise schon mal ihren Segen holen.

→ Hohenzieritz

Residenzschloss Neustrelitz. Kupferstich, 1781

Nienhagen (Lkr. Rostock)

Gespensterwald am Meeresrand

Das idyllische Ostseebad Nienhagen liegt nur wenige Kilometer westlich von Rostock-Warnemünde und hat eine ausgeprägte Steilküste. Wiederum westlich des Bades schließt sich das offiziell »Nienhäger Holz« genannte Waldgebiet an. Dieses ist eine Flurnamenbezeichnung der Forstwirtschaft. Als »Gespensterwald« gelten seit etwa um 1900 nur wenige Hektar des touristisch attraktiven Küstenwaldes. Mit seinen, von der See und dem Wind bizarr geformten, Buchen kann der »Gespensterwald« besonders bei Sonnenuntergang oder Nebel ein gespenstisches Naturschauspiel sein.

Gespenster (»Trugbilder«) sind Geister, die in menschlicher Gestalt erscheinen. Oft in weißem Gewand, als Skelett oder in ihrer Kleidung, die sie zu Lebzeiten trugen. Zur Geisterstunde zwischen 24 und ein Uhr erscheinen sie bevorzugt. Mit dem ersten Hahnenschrei sind sie verschwunden.

Es sind ruhelose Tote, Untote, unerlöste Seelen, die einst Menschen waren. Man glaubte, dass diese in ihrem Zwischenzustand noch etwas zu erledigen haben, eigene Untaten sühnen müssen oder auf ein Verbrechen hinweisen und erst danach erlöst sind.

Nach dem Theosophen Swedenborg liegt die oberste Grenze des »Gespensterlebens« bei 30 Jahren. Spätestens dann geht es in Himmel oder Hölle. Doch keine Angst: Böse Gespenster können guten Menschen nichts anhaben.

Nossendorf (Lkr. Mecklenburgische Seenplatte)

Ritterlicher Geistesblitz

Die westliche Landstraße von *Demmin* nach *Grimmen* führt in Nähe des Flusses Trebel durch Nossendorf. Auf dem dortigen Friedhof liegt etwa 15 m vom Chorabschluss der Kirche in Richtung Osten entfernt eine große, ebenerdige, angeblich vom Blitz gespaltene alte Grabplatte. Die Schrift ist heruntergetreten, der Name des Toten unbekannt. Hier soll ein bösartiger Nossendorfer Ritter begraben liegen. Der Raufbold hat sich im nördlich liegenden Trebeltal bei *Nehringen* sogar mit dem Seeräuber Störtebeker (1401 hingerichtet) geschlagen, weiß man. Das wäre dann im 14. Jh. gewesen.
Im Dorf war der Ritter wegen seines frevelhaften Betragens sehr unbeliebt. So ritt er während des Gottesdienstes mit dem Pferd in die Kirche, drehte sich mit dem Hengst mehrfach im Kreise, um dann die Gläubigen herauszujagen. Seinen Untertanen machte er das Leben schwer. Einzig zu seinem Beichtvater war er freundlich. Als der wilde Ritter starb, kam bis auf den Pastor niemand zur Beerdigung. Der Tote aber konnte nicht zur Ruhe kommen, sein Geist spukte nachts durch das Dorf. In die Kirche ritt er nicht mehr, sondern bekreuzigte sich davor. Durch einen Bibelspruch soll es erst im 19. Jh. dem Pfarrer gelungen sein, den Fluch vom Geist zu nehmen und den Ritter zu erlösen. Im Inneren der Nossendorfer Kirche befindet sich an der Südseite der ungewöhnliche große „Grabplatten"-Sühnestein des 1364 während des Gottesdienstes wohl von drei Männern ermordeten, durchaus attraktiven Pastors Gerhard von Lynden. 1929 fand man im Altarraum einen durchbohrten Schädel, möglicherweise den des Pastors.

→ Gingst, → Grün Kordshagen, → Kirch-Baggendorf, → Kruckow, → Pasewalk, → Prerow, → Ralswiek, → Sassnitz, → Schönberg, → Sommersdorf, → Spantekow, → Sülsdorf

Parchim (Lkr. Ludwigslust-Parchim)

P

Ein Zauber-Meister des Marketings

Am Moltkeplatz in Parchim steht das Gebäude der Sparkasse Parchim-Lübz. Es war und ist das »beste Haus am Platze« – früher als »Wallhotel«. Hier starb am 24. Januar der damals populärste deutsche Zauberkünstler Samuel Bellachini (1827–1885) vor seinem

Samuel Bellachini zu Lebzeiten. Foto: 19. Jh.

Auftritt im Hotel. Heute noch kann man den Festsaal des Hotels nachempfinden und sich in das 19. Jh. zurückversetzen. Viele Zauberer nutzten den Bekanntheitsgrad des berühmten Bellachini. Bis heute haben sich über 70 Zauberkünstler nach Samuel Bellachini benannt und so sein Andenken aufrecht gehalten.
Mindestens zweimal (1851 und 1885) war Bellachini in Parchim. An jedem seiner Auftrittsorte hat er auf den Märkten Werbung für seine Abendveranstaltungen gemacht. Es ist die Legende überliefert, dass sich Bellachini dazu auf den Parchimer Markt begab. Dort schickte er sich in vornehmer Kleidung an, Eier zu kaufen. Auf die Frage, was denn ein ausgesuchtes Ei koste, nannte die Marktfrau spöttisch einen sehr hohen Preis. Bellachini zahlte und schlug das Ei auf. Es fiel ein Goldstück heraus. Er kaufte weitere Eier, um jedes Mal Gold heraus zu holen. Nach drei Eiern bedeckte die Frau den Korb und verkaufte nicht mehr. Sie schlug nun zum Gelächter der anderen ein Ei nach dem anderen auf – ohne Erfolg. Bellachini gab sich als Zauberer zu erkennen und lud die Marktfrau, die er gefoppt hatte, zur abendlichen Veranstaltung ein, wo er ihr einen neuen Korb mit Eiern herbeizauberte.

Pasewalk (Lkr. Vorpommern-Greifswald)

„Kiek in de Mark"

Im Osten Vorpommerns befindet sich in brandenburgischer Grenznähe am Verkehrsknotenpunkt der Bundesstraßen 104 und 109 die Stadt Pasewalk. Sie ist wegen des Kornhandels seit 1867 mit dem Anschluss nach *Strasburg* (zuvor ab 1863 Anschluss nach Berlin, Stettin, Stralsund) ebenso eine markante Kreuzung von Eisenbahnlinien. Schon bald nach 1150 entstand eine von deutschen Kaufleuten gegründete Siedlung im Schutze der pommerschen Burg. Sie erhielt um 1250 Magdeburger Stadtrecht. Die erste Zeit war Pasewalk Zankapfel zwischen pommerschen Herzögen und Brandenburger Markgrafen. 1354 ging die Stadt an Pommern und verblieb dort. Über die Jahrhunderte wurde die Grenzstadt Pasewalk von vielen kriegerischen Völkern besetzt und ausgeplündert. So von den Brandenburgern, Dänen, Russen, Schweden, Fran-

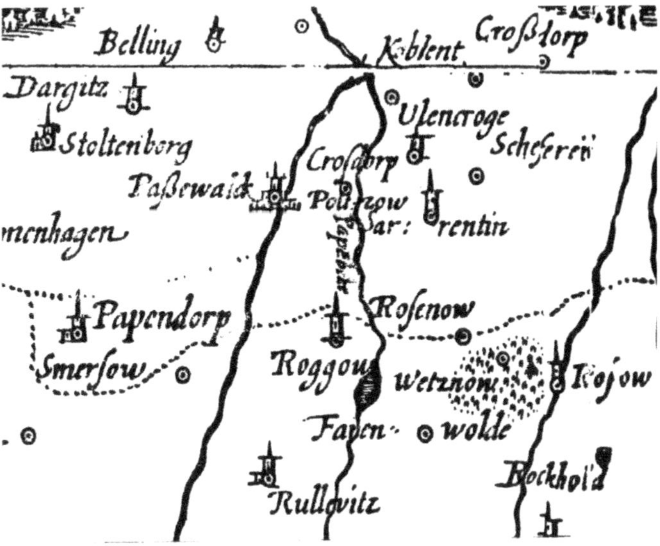

Pasewalk im Grenzgebiet. Lubinsche Karte, 1618

zosen. Im Mittelalter bot gerade die seit dem 14. Jh. bestehende Stadtmauer mit Türmen und Toren Schutz vor den Feinden. Noch 1779 gab es in Pasewalk eine Ringmauer mit vier Toren; die meisten Türme sowie die dreifachen Wälle sind inzwischen nutzlos geworden und bereits abgetragen. Im Südwesten der alten Stadt steht westlich des Prenzlauer Tores der Mauerturm »Kiek in de Mark«. Der schlanke, taillierte Turm mit Zinnenkranz und spitzem Helm soll im Jahre 1445 in die Stadtmauer eingefügt worden sein. Das Geld dafür haben sich die Bürger selbst »erarbeitet«. Nach einem Raubzug der Pasewalker in der südlich gelegenen brandenburgischen Uckermark wollten die Prenzlauer ihnen die Beute abjagen und überfielen die Heimkehrer. Die Pommern aber setzten sich zur Wehr und nahmen über 200 Brandenburger gefangen. Gegen Lösegeld mussten die Gefangenen freigekauft werden. Ihren neuen Wachturm für wachsame Blicke in die Mark Brandenburg aber nannten die Pasewalker »Kiek in de Mark«.

→ Kiekindemark

Geheimnisvolles Mordkreuz

Nordwestlich von St. Marien befindet sich auf dem Kirchplatz ein Sühnestein, auch Mordkreuz genannt. Der Turm der dreischiffigen Backstein-Hallenkirche stürzte 1984 ein, wurde gesprengt, ab 1988 aufgebaut und steht seit 1994 wieder. Im Trümmerfeld hatte man seinerzeit den Sühnestein geborgen. 2001 wurde das etwa mannshohe Original-Kreuz am nahezu alten Standort wieder aufgestellt.

Sühnesteine aus dem Mittelalter sind selten in Mecklenburg-Vorpommern. Vielleicht gut zwei Dutzend gibt es im Lande, davon die meisten im mecklenburgischen Raum um *Grevesmühlen*. Sie stammen aus der Zeit des 14.–16. Jh. bis zur Einführung eines Strafgesetzes und markieren die Stelle, an der ein Mensch ermordet wurde. Die Kirche ersetzte die Blutrache durch die Sühne. Der Mörder konnte durch Zahlung von Geld oder die Errichtung von Sühnesteinen seine Tat sühnen.

Das Pasewalker Mordkreuz soll der Chronik nach mit dem Mord an einem Priester im Jahre 1367 durch erboste Pasewalker in Verbindung stehen. Die Stadt verbrannte den erschlagenen Geistlichen, ihm wurde öffentlich auf dem Marktplatz Unterschlagung vorgeworfen, und er wurde dafür mit dem Bann des Papstes belegt. Diese Tatsache kann aber mit dem Sühnestein nicht beweisbar in Zusammenhang gebracht werden. Zwar trägt die Rückseite des Muschelkalksteines ein Kreuz, doch zeigt die Vorderseite ein fast verwittertes Wappen mit Schild, drei Schwertern und Helm darüber. Es ist das Familienwappen der Ritter von Linstedt, die auch Höfe in der Stadt besaßen und in der Pasewalker Gegend um 1738 ausstarben. Wahrscheinlich wurde hier ein Familienmitglied umgebracht. Das Mordkreuz selbst wird sein Geheimnis bewahren.

→ Gingst, → Grün Kordshagen, → Kruckow, → Schaprode,
→ Schönberg, → Sommersdorf, → Sülsdorf

Peckatel (Lkr. Ludwigslust-Parchim)

Klarer Beleg: Zwerge im Berge

Nur wenige Kilometer südlich von *Schwerin* liegt das Dorf *Peckatel* – ein Ortsteil von Plate. Im Rummelsberg sollen einst Zwerge gelebt haben – angeblich archäologisch nachweisbar. Heute ist die Stelle in der Nähe des Bahndammes ein flaches Feld, vermittelt aber noch die Situation, wie sie die Forscher im 19. Jh. vorfanden.

Seit Jahrhunderten werden mit dem Rummelsberg Zwergensagen in Verbindung gebracht. Die Unterirdischen, wie die Zwerge im Norden heißen, lebten in dem Hügel. Ab und an hielten sie auf dem Rummelsberg einen Festschmaus und benutzten dazu bronzenes Geschirr, das sie sich von ihren Freunden in den umliegenden Bergen geliehen hatten. Eines Tages, als die Zwerge gerade tafelten, kam ein Junge aus Peckatel dazu. Er stahl unbemerkt ein Messerchen. Zuhause schickte der Vater den Jungen sofort zurück. Denn die Dorfbewohner glaubten, dass es Unglück bringe, die Zwerge zu bestehlen. Und erst als das Messer wieder zurück war, konnte die Tafel wieder verschwinden.

Der Kontakt mit den Menschen wurde aber allmählich abgebrochen. Die Unterirdischen brachten ihre Kinder ins Dorf Peckatel und nahmen dafür Dorfkinder mit. Zu der Verzweiflung der Mütter über ihre verlorenen Kinder kam, dass die Wechselbälger der Zwerge nicht wuchsen und gediehen – eine sehr alte, verbreitete volkstümliche Vorstellung, welche das Vorhandensein von miss-

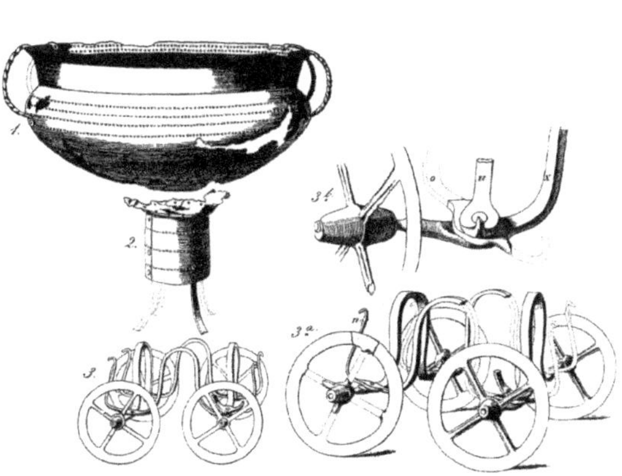

Bronzener Kultwagen von Peckatel. Stich, 19. Jh.

gestalteten, kranken und behinderten Kindern zu erklären suchte. Schon bald holten die Unterirdischen aber ihre Zwergenkinder wieder ab.

Die Sagen um die bronzenen Schätze der Unterirdischen im Rummelsberg haben einen wahren Kern: Als man im Jahre 1843 archäologische Grabungen am Rummelsberg anstellte, fand man auch einen bronzenen Kessel auf Rädern – so wie er in den alten Sagen beschrieben wurde. Die Archäologen sehen darin einen Kultwagen aus der Bronzezeit. Der rund 40 cm hohe Wagen ist das Wahrzeichen des Archäologischen Landesmuseums von Mecklenburg-Vorpommern.

→ Malchow, → Sagard, → Wismar

Penzlin (Lkr. Mecklenburgische Seenplatte)

Blumen für den Hexenkeller

Südwestlich von *Neubrandenburg* und des Tollensesees liegt an der B 192 die kleine Stadt Penzlin, die durch ihren Hexenkeller bekannt ist. An der Handelsstraße *Waren* – Neubrandenburg planmäßig angelegt, erhielt der Ort 1263 das Stadtrecht. Kultureller Mittelpunkt der Stadt ist das Ensemble aus Alter Burg mit Schwarzküche und Rittersaal, Burghof, slawischem Wall, Burggarten und alter Stadtmauer. Hier zeigt das Museum für Magie und Hexenverfolgungen, welche Rolle die über 2 000 mecklenburgischen Hexenverfolgungen zwischen 1560 und 1700 im alltäglichen Leben gespielt haben.

Die Hexenverliese liegen im Ostflügel 7 m unter der Burghoffläche. In den eingelassenen Nischen wurden die Opfer ohne Bodenkontakt (dem Machtbereich des Teufels) angekettet, um so zum Eingeständnis ihrer Schuld gebracht zu werden. Historisch nachzuweisen sind für Penzlin bislang nur vier Prozesse. Im 18. Jh. wurden aber viele dieser Akten durch die adligen Burgherren, die Maltzans, vernichtet.

In einem der Hexenkeller soll auch das der Sage nach letzte Opfer, ein Kuhhirte, festgehalten worden sein. Angekettet mit einer eisernen Stange vor der Brust wartete er auf seinen Prozess. Er hatte die Kühe des Burgherrn zu hüten. Eine Kuh gab beim Melken Blut statt Milch. Es gab auch Zeugen, die ihn sehr früh am Morgen bei den Kühen gesehen hatten. Das reichte aus zu seiner Verurteilung auf dem Scheiterhaufen, obwohl er seine Unschuld beteuerte. Vor seiner Hinrichtung prophezeite er, dass als Zeichen seiner Unschuld drei völlig unbekannte Blumen vor dem Burgtore wachsen werden. Tatsächlich sollen dort tags darauf drei wunderschöne Blumen geblüht haben. Aus nah und fern holten nun die Richter Pflanzenkenner heran. Niemand hatte solche Blumen je gesehen. Der Volkszorn traf die Richter des Unschuldigen. Der Burgherr verbot weitere Hexenprozesse. In Mecklenburg fand die letzten Prozesse mit Todesurteil bei *Malchow* und in *Eldena* (Greifswald) im Jahre 1700 statt. Zur Erinnerung an diese sagenhaften Blumen sind sie heute als farbiges Fenster in der Burg zu sehen.

Hexen im Flug. Holzschnitt, 1508

Prerow (Lkr. Vorpommern-Rügen)

Von Drachen und Dwarslöpern

Die Halbinsel Darß ist westlich der Insel Rügen auf keiner Landkarte zu übersehen. Eigentlich sind es von West nach Ost die drei Landstriche *Fischland, Darß* und *Zingst*. Das fast unbewaldete Fischland reicht von nördlich *Dierhagen* bis *Ahrenshoop*. Hier beginnt der flache Vordarß mit Dünen-, Moor- und Wiesengebieten. Am Rande des Darßwaldes beginnt der Nationalpark Vorpommersche Boddenlandschaft. Der Darßwald mit Dünen-, Sumpf- und Heidelandschaften ist ein geschlossenes, siedlungsfreies Gebiet. Am Prerowstrom, östlich von Prerow, beginnt der Zingst mit einem einzigen gleichnamigen Dorf und nur noch zwei Waldgebieten.

Die alte Landesgrenze zwischen Mecklenburg und Vorpommern verlief an der Ostsee durch das Seefahrerdorf und die spätere Malerkolonie Ahrenshoop und südlich des Saaler Boddens zwischen der mecklenburgischen Stadt Ribnitz und dem pommerschen Dorf *Damgarten* entlang des Flusses Recknitz in Richtung Süden. Das Fischland gibt wegen seiner Fischerdörfer kaum Rätsel hinsichtlich seiner Bezeichnung auf.

Der Darß, der der gesamten Halbinsel seinen Namen gibt, bietet mehrere Lösungen zu seiner sprachlichen Herkunft. So hieß es »von dem Lande Barth und der Halbinsel darzu« (abgeleitet: Darßu). Da die Halbinsel dem Festland quer vorgelagert ist, fand man einen Bezug zu »dwars« (Niederdeutsch für quer). Die Strandkrabbe heißt hier übrigens »Dwarslöper«, also Querläufer. Favorisiert wird die Rückführung auf das altslawische Wort »draci« für Dornstrauch, was dann Dornenland bedeuten würde. Der Sanddorn gab auch dem nördlichen Dornbusch auf *Hiddensee* seinen deutschen Namen. Zingst aus »von Wasser umzingelt« abzuleiten, wäre zu kurz gedacht. Wahrscheinlich hängt der Flurname wegen der vielen Wiesen mit dem slawischen Wort »seno« für Heu, also Heuort, zusammen. Im übrigen glauben die Darßer, von gestrandeten englischen Seeleuten des 14. Jh. abzustammen. Viele führen tatsächlich englische Namen wie Wallis, Newmann oder Kräft.

Der größere und östliche Teil der gesamten Halbinsel Darß gehörte zu Pommern, so auch Prerow, das Fischerdorf und älteste Kirchdorf des Darß, mit einem schon 1325 erwähnten Hafen. Erst nach der großen Sturmflut von 1872 wurde der Prerowstrom geschlossen, um weitere Wassereinbrüche dieser Dimension zu verhindern. An der alten Mündung des Prerowstromes fand man 1874 bei Deichbauarbeiten arabische Silbermünzen, die auf eine frühe Handelstätigkeit hindeuten. Im Prerower Darß-Museum ist eine dieser Münzen zu sehen.

Heimat der Seeräuber

Störtebeker hat vor über 600 Jahren zeitweise auf der Hertesburg (auch Hirschburg) gelebt. Der Weg dorthin führt von Prerow in Richtung *Zingst* die Straße entlang. Im Norden liegt die Ostsee, im Süden kommen rechterhand Parkplätze. Der Fußmarsch zur ausgeschilderten »Herberge an der Hertesburg« mit dahinter liegender »Burg« über einige hundert Meter verläuft in südliche Richtung bis fast an den Prerowstrom. Von der einstigen Burg sind nur noch der ringförmige Wall und sowie der Graben zu sehen, aber das Umfeld und die Wasserläufe bieten die Möglichkeit, sich in die Zeit des legendären Seeräubers Klaus Störtebeker zurückversetzen.

Der im Jahre 1401 in Hamburg hingerichtete Volksheld soll hier seine Burg gehabt haben. Zuvor nutzten die Fürsten von Rügen diese Festung, bis sich im Frieden von Stralsund 1354 die Pommern verpflichteten, keine Festungen mehr auf dem Darß zu errichten.

Ältere Kogge mit »Drachenköpfen«. Schiffssiegel der Stadt Barth, um 1300

So wurde die von einem herzoglichen Vogt verwaltete Burg im 15. Jh. ein Schlupfwinkel der Seeräuber. Bereits 1464 wurden nach *Stralsunder* Chroniken Seeräuber von der Hertesburg geköpft.
Damals war der Darß noch keine Halbinsel, sondern eine zerklüftete Inselkette mit vielen Einfahrten. Hier liefen Schiffe Gefahr zu stranden. Um dem zu erwartenden Strandgut nachzuhelfen, haben die Mannen um Störtebeker den Kühen nachts Laternen an die Schwänze gebunden und sie am Ostseestrand hin- und hergejagt. Auf diese Lichtsignale nahmen die Seeleute Kurs und wurden dann zur Beute.
Eine schatzhütende Jungfrau soll noch heute unter der einstigen Burg leben und das Gold der Seeräuber bewachen. Nur zur Johannisnacht (24. Juni) kann sie als wäschetragende Frau erkannt und dann durch einen freundlichen Gruß eines unverheirateten Mannes erlöst werden. Als Dankeschön soll dieser den Schatz erhalten.
→ Nossendorf, → Ralswiek, → Sassnitz

Prillwitz (Lkr. Mecklenburgische Seenplatte)

Himmelsscheibe nach mecklenburgischer Art

Mehr als drei Dutzend Orte gibt es, bei denen das »slawische Delphi« gesucht wird. Die meisten Belege für den berühmten slawischen Tempelort fand man bei Prillwitz, südlich des Tollensesees. Von dort hat man einen guten Blick auf die geheimnisvollen Inseln im Norden. Eigenartigerweise wird das Kirchdorf vom Mittelalter bis ins 16. Jh. als Stadt bezeichnet, sodass man auf eine große Bedeutung zu heidnischer Zeit schließen darf.
Die Legendenbildung ist vergleichbar mit der von Vineta. Mittelalterliche Chronisten berichteten im 11. und 12. Jh. über das zentrale Heiligtum des slawischen Stammesverbandes der Lutizen an einem großen See. Rethra wurde 1068 in einem Kriegszug Bischof Burchards II. von Halberstadt zerstört. Nach dem Wiederaufbau war Rethra 1124 gegen König Lothar I. wiederum unterlegen, ohne vernichtet zu werden. Im 14. Jh. war der Standort des alten slawischen Heiligtums nicht mehr bekannt. Die Schriftlichkeit lag in den Händen der Kirche, die an einer Pflege der heidnischen Kulte

und Vorfahren des Fürstengeschlechts nicht interessiert gewesen sein konnte. Da auch mittelalterliche Urkundenfälschungen der Absicherung von Eigentum dienten, dürfte der schriftliche »Erinnerungsverlust« und der Standort-Wirrwarr kein Zufall sein.

Archäologische Funde hellen das Bild auf. Durch ein mehr als zwanzigjähriges Ausgrabungsprojekt des Neubrandenburger Museums fanden Archäologen Belege für eine große Stadt in der sich dem Tollensesee südlich anschließenden Lieps. Auf den drei Inseln dieses Sees und auf der Fischerinsel im Tollensesee muss danach Rethra mit mehreren Tempeln um 1270 überflutet worden sein.

Prillwitzer Idole. Bronzefigur Löwe-Mensch-Fabelwesen, vermeintliche slawische Gottheit. Stich, 1771

Die Sagen berichten teils von einer Schräglage der Inseln, bis sie untergingen.
Ein auf der Fischerinsel ausgegrabener, mannshoher, doppelköpfiger Götze, der im Regionalmuseum *Neubrandenburg* ausgestellt wird, zeugt vom Kult der Slawen noch im 13. Jh. An diese Vorstellungen knüpfte die größte Geschichtsfälschung des 18. Jh. in Mecklenburg an, in die Wissenschaft wie Herzogtum involviert waren.
Bei dem Neubrandenburger Goldschmied Sponholz kaufte im Jahre 1768 der Arzt Dr. Hempel 35 Bronzefiguren, auf denen teils »Rehtra« in Runen, der vermeintlichen slawischen Schriftsprache, stand. Da sie angeblich auf dem Schlossberg bzw. im Pfarrgarten von Prillwitz gefunden wurden, gingen die Bronzen als »Prillwitzer Idole« (Götterfiguren) in die Geschichtsschreibung ein. Auch die später nachproduzierten, insgesamt fast 200 Plastiken gelten heute als Fälschungen aus Gier und Ruhmessucht.
Im Mittelpunkt des Tempels von Rethra, so weiß die Sage zu berichten, stand ein Standbild des Gottes Radegast aus reinem Gold. Die Slawen sollen ihm einst einen jungen Christen geopfert haben und während der folgenden Festlichkeiten von den Sachsen überwältigt worden sein. Der Götze wurde im Wasser versenkt, um ihn nicht in Feindeshand fallen zu lassen. Nur zwei Kirchenglocken aus alter Zeit kamen später auf wundersame Weise ans Land und hängen heute in der Kirche von Prillwitz, einem Neubau von 1868 mit viel Inventar aus dem 16. Jh. Der Untergang Rethras wurde als Strafgericht Gottes für Übermut und Heidentum angesehen.
→ Barth, → Röbel, → Zinnowitz

Probst-Jesar (Lkr. Ludwigslust-Parchim)

Eichen sollst du weichen

Wenige Autominuten östlich von *Lübtheen* gibt es bei Probst-Jesar einen See, der auf seinem Grunde große Eichenstämme liegen hat, die Rätsel aufgeben. Nach Lübtheen kommt man über *Hagenow* und fährt die Bundes- und danach die Landstraße weiter Richtung Süden. Es ist dieses die einzige Gegend im Lande mit traditionellem Bergbau, über den man im Regionalmuseum des Amtes *Malliß* im Ort *Kaliß* bei *Dömitz* Erstaunliches erfahren kann. In unmittelbarer Nachbarschaft von Lübtheen wurden zwischen 1830 und 1916 Kalisalze und Gipse abgebaut. Dafür wurde an der Bahnstrecke Berlin–Hamburg extra die Haltestelle Pritzier nördlich von Lübtheen eingerichtet.

Das Kalisalzlager in über 300 m Tiefe baute man zwischen 1905 und 1916 ab, bis der Friedrich-Franz-Schacht durch Wassereinbruch und Einsturz aufgegeben wurde. Damals gab es auch Erdsenkungen bei Probst-Jesar. Die Dorfstraße in See-Nähe senkte sich um anderthalb Meter. Im Wiesengelände daneben entstand ein Teich. Hier war vielleicht im kleinen zu sehen, was vor Jahrhunderten bei Probst-Jesar geschah. Der See gab schon dem slawischen Ort sein Namen. Jesar heißt »Ort am See«. Der Einsturztrichter-See, so wissen die Geologen zu berichten, entstand durch Auslaugung eines im Boden befindlichen Salzlagers. Das Ufer des bis zu 13 m tiefen Gewässers fällt steil ab. Zwischen mächtigen Eichen am Grunde, die damals in den See gestürzt sein müssen und sich erhalten haben, schwimmen viele Fische. Dieser natürliche Vorgang wurde in einer Untergangssage mit übernatürlichen Dingen in Verbindung gebracht. Der Sagensammler Richard Wossidlo sah in diesem Erzählgut eine Erinnerung an frühe Menschenopfer für die Naturgeister. Wer solche, früher heiligen, Seen erkunden wollte, wurde deren Opfer. Die Natur war zu respektieren.

Dort, wo jetzt der See liegt, so die Sage, war einst eine Eichen bestandene Wiese, auf der sowohl die Bauern als auch ihre Pferde in der Mittagshitze pausierten. Einmal kamen Zigeuner ins Dorf und bettelten bei den Bauern, die sie hartherzig abwiesen. Die Zigeuner sannen auf Rache und wollten den erholsamen Wald für immer vernichten. Eine Zauberin aus ihren Reihen füllte in den abgeschlagenen Kopf eines Pferdes Quecksilber. Der Kopf drehte sich nun immer schneller und bohrte viele Löcher in den Sand, bis der Wald einstürzte. Die Zigeuner konnten sich selbst nicht mehr retten und stießen Flüche aus, die bis heute wirken sollen. Immer wieder holt sich der See Opfer ins nasse Grab.

→ Zarrentin

Pferde dienten in heidnischer Zeit als Orakel.

Pudagla (Lkr. Vorpommern-Greifswald)

Steinreiche Gegend

Von *Anklam* auf der B 110 kommend, fährt man durch die Stadt *Usedom* und beim Abzweig *Mellenthin* nördlich in das Dorf Pudagla am Schmollensee. Auf dem Gelände des 1156 gegründeten und im 16. Jh. aufgehobenen Prämonstratenser-Klosters Grobe steht heute ein schlichtes Schloss. Um den Stein zu sehen, muss man über die Verlängerung der Dorfstraße bis zum Strand fahren. Im Achterwasser liegt linker Hand in Richtung *Neppermin* außerhalb des Schilfgürtels der große Findling.

Mit Vorliebe wird diese Sage unüblicherweise immer wieder in plattdeutsch wiedergegeben. Sie wirkt dadurch wohl authentischer, was bei Riesensagen nötig scheint: In alten Zeiten gab es noch Riesen, denen der Bau des Klosters (im 12. Jh.) ein Dorn im Auge war. Einer der Hünen warf von *Loddin* (ca. 6 km) oder, schon sportlicher, von *Lassan* (etwa 13 km Luftlinie) den Stein in Richtung

Kloster. Der Stein glitt aus der Hand und fiel nur gegen den Kamker Berg, von dem er ins Wasser trudelte. Fünf Fingerabdrücke auf dem Stein belegen den Vorfall. Die meisten überlieferten Angriffe der heidnischen Riesen im Lande schlugen fehl, kein Wunder, da über diese von christlichen Erzählern berichtet wurde.
→ Gatschow

Putbus (Lkr. Vorpommern-Rügen)

Die Buschmänner

Der Name Putbus wird zum einen mit dem bekanntesten Rittergeschlecht von Rügen und zum anderen mit der Stadt im südöstlichen Teil der Insel in Verbindung gebracht. Die Sage weiß zu berichten: In slawischer Zeit bekam ein junger Prinz von seinem Vater den südöstlichen Teil der Insel Rügen mit den Kirchspielen *Lancken* und *Vilmnitz* geschenkt. Der Sohn suchte einen Ort, wo er seine Burg bauen konnte. So kam er an einen schönen Berg mit Buschwerk. Hier wollte er bauen, zeigte auf eine Stelle und rief: »Po de Buss!« (Hinter dem Busch!) Und an genau dieser Stelle baute er seine Burg, die nach diesem Ausruf ihren Namen erhielt. Wie auch die Nachkommen, später das Schloss und auch der Ort selbst. Tatsächlich gründete Fürst Stoislaw Anfang des 12. Jh. den Ort. Ab 1249 herrschte die Familie Putbus, die von einem rügenschen Fürsten abstammte, in diesem Gebiet. Von den zwei Linien starb die rügensche aus, und das Land ging 1702 an den dänischen Freiherrn Malte zu Putbus. Ab 1810 ließ Wilhelm Malte zu Putbus den Ort zu seiner Residenz und einem klassizistischen Bad nach dem Vorbild *Heiligendamms* ausbauen. Die Blütezeit des Badeortes reichte bis etwa 1850. Dann wollte man mehr direkt im Meer baden und die östlichen Küstenorte der Insel wie *Sellin, Göhren* oder *Binz* wurden attraktiver. Die männliche Linie der von Putbus starb 1854 aus. Der heutige Nachfolger Franz zu Putbus entstammt der weiblichen Linie. Der Ort Putbus, markant durch den Circus, einen kreisrunden Platz mit klassizistischen Häusern und seiner sternenförmigen Wegführung zum Obelisken hin, wurde erst 1960 Stadt.

Schloss in Putbus um 1840. Stich, 19. Jh.

Zwei Jahre später wurde das verfallene Schloss abgerissen. Da an gleichem Ort um 1300 die Burg gebaut wurde, ist die Ortsnamensage am besten im englischen Schlosspark (1810/25 angelegt) nachzuempfinden. Das im 16. Jh. im Renaissancestil veränderte Schloss wurde bis 1945 vielfach umgebaut, danach verfiel es durch Zweckentfremdung bis zu seinem Abriss zunehmend. Aus dem 19. Jh. stammen die zum Schloss gehörenden und erhaltenen Gebäude wie Gartenhaus, Mausoleum, Affenhaus, Orangerie und auch das Denkmal für Malte I. zu Putbus und die Schlosskirche.

Putgarten (Lkr. Vorpommern-Rügen)

Swantewits Heiligtum

Auf der nördlichsten Halbinsel Rügens, Wittow, befindet sich der Burgwall von Kap Arkona. Dieser extreme geographische Punkt barg einst das Hauptheiligtum der Westslawen mit ihrem Gott Swantewit. Man fährt bis zum ausgeschilderten Parkplatz in Putgarten (slawisch: »Unterhalb der Burg«). Das Nordkap ist nach etwa 1,5 km zu Fuß, per Fahrrad oder der Arkona-Kleinbahn zu erreichen. Die beiden Leuchttürme mit Museum und Aussichts-

plattformen sowie der östliche Marinepeilturm am Burgwall (gebaut 1927) sind gute Orientierungspunkte.
Einst soll der Herrgott die pommersche Küste als zu kahl empfunden haben. So klackte er mit seiner Maurerkelle noch ein bisschen aufs Festland, verlor dabei etwas Erde, aus der die Insel Rügen wurde. Die Sonne war schon fast untergegangen und zum Feierabend warf der Schöpfer nun den Rest auf die Insel – daraus entstanden die unregelmäßigen Halbinseln – so auch Wittow.
Den Namen soll die Halbinsel Wittow den zeitgenössischen Geschichtsschreibern zufolge nach einer dem Heiligen Vitus im 9. Jh. gewidmeten Kirche haben. Da Rügen erst im 12. Jh. von den Dänen christianisiert wurde, ist eine Ableitung vom Slawengott Swantewit wahrscheinlicher. Das slawische Wort swant bedeutet heilig, mächtig und vit kommt von vitez – der Herrscher. Danach wäre dies die Insel der mächtigen Herrscher. Nach der Zerstörung von Rethra, dem legendären Hauptheiligtum der Westslawen im heute mecklenburgischen Gebiet, im Jahre 1066 durch deutsche Ritter nahm die Bedeutung Arkonas schnell zu. Die Priester der Ranen (Westslawen, seit etwa dem 7. Jh. auf Rügen) hatten bald ihren Einfluss und ihre Einkünfte im gesamten südlichen Ostseeraum.
Zu Füßen des Arkonaer Marinepeilturms steht seit 2021 eine Swantewit-Metall-Arbeit der Künstlerin Patrycja Kujawowicz. Zwei östliche Köpfe dieses viergesichtigen Hauptgottes der Ranen

Kap Arkona. Stahlstich, 19. Jh.

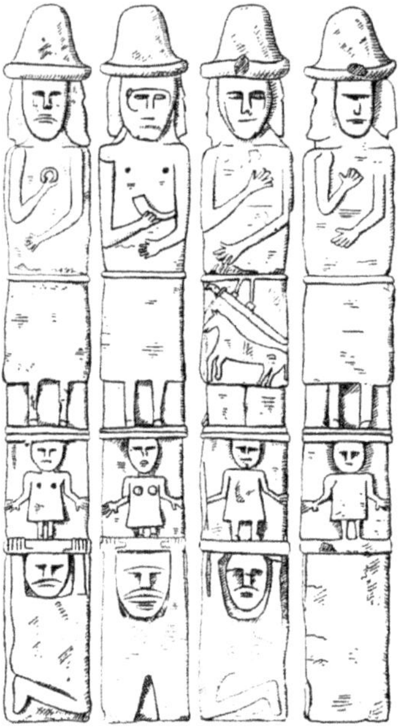

Viergesichtiger slawischer Gott Swantewit

blickten auf die Burganlage. Dieser Abschnittswall ist einer von 18 Burgwällen der Insel Rügen. Nur die Landseite ist befestigt. Die Seeseiten sind durch über 40 m hohe Steilhänge geschützt. Heute ist durch den ständigen Landverlust nur ein Drittel der ehemaligen Anlage zu sehen. Der Sage nach soll die einst reiche See- und Handelsstadt Arkona bei einer großen Sturmflut versunken sein. Sie ruht auf dem Meeresgrunde und wartet auf ihre Erlösung. Bei gutem Wetter soll man sie vom Steilufer aus sehen können.
Das Heiligtum des Swantewit befand sich vermutlich im inzwischen abgetragenen Zentrum des Burgwalls. Hier wurde der Götze besonders zum Erntefest verehrt und mit Opfergaben beschenkt, um die nächste Ernte günstig zu gestalten. Vor Kriegszügen und Seereisen wurde der Gott befragt. Swantewit hatte ein eigenes Pferd im Tempel. Darauf soll er nachts gegen die Feinde zu Felde gezogen sein. Morgens stand der Schimmel oft mit Schweiß und Schmutz bedeckt im Stall, ein Beleg für den nächtlichen Ausritt.
→ Altenkirchen, → Bergen, → Prillwitz

Siebenschneiderstein

Zwei Leuchttürme wecken sofort das Interesse des Arkona-Besuchers. Der ältere und kleinere entstand nach Plänen von Karl-Friedrich Schinkel und ist heute ein Museum für Leuchtfeuer und die Baukünste Schinkels. Der neue und größere, 36 m hohe Turm leuchtet seit 1902. Von beiden hat man einen guten Überblick auf das Flächendenkmal Arkona. Etwa 500 m westlich des Schinkel-Leuchtfeuers liegt ein großer Findling. Zu ihm führt eine Treppe hinab. Sieben Schneider sollen im Schneidersitz auf ihm Platz haben. Man kann das sogar probieren, da der Stein direkt am Strand liegt.

Grabräuber-Warnung

Zur Gemeinde Putgarten gehört das Dorf Nobbin auf halber Strecke der Landstraße *Altenkirchen* – Putgarten. Hier liegt gut 500 m vom Ort am Steilufer-Weg der Tromper Wiek ein Großsteingrab, das als »Riesenberg« in die Geschichte einging. Nur noch 54 Großsteingräber von einst 236 gezählten im Jahre 1829 gibt es auf Rügen. Ein Großteil fiel Gebäudefundamenten, Gehöfteingrenzungen oder im 19. Jh. dem Straßenbau als Kopfsteinpflaster zum Opfer. Während die typischen steinzeitlichen Hünengräber nach den einzig vorstellbaren »Erbauern« und »Nutzern«, den

Riesen und Menschen beim Bau der »Riesenbetten«

Riesen (Hünen), benannt wurden, handelt es sich hier um ein »Hünenbett«: eine rechteckige Steinsetzung aus dem 3. Jahrtausend v. Chr. von über 30 m Länge und etwa 10 m Breite mit 34 (ursprünglich wahrscheinlich 53) Großsteinen. Gut vorstellbar, dass sich ein Riese dieses Bett gebaut hat. Die archäologisch richtige Bezeichnung hierfür ist Großdolmen. Die zwei Grabkammern wurden für die Bestattung der Toten mit ihren Beigaben (Äxte, Pfeilspitzen, Tongefäße) genutzt. Für den »Stein-Bettrahmen« ohne erkennbare Funktion darf eine rituelle Bedeutung angenommen werden. Die großen Steine der Ecken werden oft Wächtersteine genannt. Gewiss durfte man den inneren, steinbegrenzten Raum nicht betreten. Ein vornehmer Heide soll hier mit Schätzen bestattet worden sein, die nun der Teufel bewacht. Der heilige Platz steht unter seinem Schutz. Nicht einmal pflügen darf man in der Nähe – vielleicht führt deshalb der Feldweg heute um die Anlage herum. Ein einziges Mal hätten Neu- und Geldgierige dort des Nachts gegraben, nachdem sie zuvor ein Feuer inmitten der Steine sahen. Am nächsten Morgen waren sie alle tot.

→ Naschendorf

Großsteingrab von Nobbin. Foto: Hartmut Schmied

Ralswiek (Lkr. Vorpommern-Rügen)

R

Klaus Störtebekers Heimat

Auf die Frage, wo der berühmte Seeräuber Klaus Störtebeker geboren wurde, kann man durchaus als Antwort »in Ralswiek« bekommen. Der kleine Ort liegt auf der Insel Rügen am Südzipfel des Großen Jasmunder Bodden. Hier wurde schon Ende der 1950er Jahre für drei Jahre, dann wieder ab 1980 die dramatische Ballade über Störtebeker aufgeführt. Seit 1993 sind jedes Jahr im Sommer die »Störtebeker-Festspiele« in Ralswiek zu Hause.

Oberhalb der Freilichtbühne steht ein Schloss im Stil der Neorenaissance aus dem Jahre 1890. Originell die hölzerne Kapelle, die 1907 als Geschenk aus Schweden kam. Der ideale Theaterstandort Ralswiek liegt aber nur in der Nähe des legendären Geburtsortes von Störtebeker. Wenn auch andere Orte wie Barth im Gespräch sind, so ist doch Hof Ruschvitz der am meisten gehandelte Geburtsort.

Fährt man auf der Landstraße von Ralswiek über *Sagard* nach Kap Arkona, dann muss man auf der Halbinsel Jasmund nördlich vom Spykerschen See an Ruschvitz vorbei. Hier soll Klaus Störtebeker um 1370 als Sohn einer Magd und eines Knechtes zur Welt gekommen sein. Der Hof Ruschvitz gehörte seinerzeit zum

Schloss Ralswiek

Angebliches Bildnis von Störtebeker. Kupferstich

Gut und Schloss Spyker (heute ein gutes Hotel). Der junge Klaus diente selbst auf dem Gut als Knecht, bis er eines Tages dabei erwischt wurde, wie er heimlich aus der Kanne seines Herrn Met (Honigwein) trank. Als man ihn dafür prügelte, schlug Störtebeker zurück – er musste flüchten und verdingte sich auf einem vor Rügen liegenden Seeräuberschiff gemeisam mit Gödeke Michel als Schiffshauptmann.

Störtebeker ist der Seeräuber im deutschsprachigen Raum schlechthin. Weil der kräftige Bursche in einem Zuge einen Becher Bier oder Met hinunterstürzen konnte, bekam er seinen Namen (niederdeutsch: »Stürz den Becher!«). Schon als junger Mann auf Rügen zeigte er das freihändige Geradebiegen von Hufeisen. Wie er aussah, ist unklar. Das hier abgebildete Porträt wurde wohl erstmalig im Geschichtswerk »Wandalia« von Albert Krantz falsch zugeordnet, setzte sich aber mittlerweile als Störtebeker-Bild durch. Hierbei handelt es sich aller Wahrscheinlichkeit nach um das um 1530 gestochene Porträt des Kunz von Rosens, Hofnarr Kaiser Maximilians I.

Einige Jahrzehnte waren Störtebeker und seine Mannen die gefürchtetsten Seeräuber der Ost- und Nordseeküste. Er war seit 1394 Anführer der Vitalienbrüder, so genannt, nachdem sie dem belagerten Stockholm 1389/95 Lebensmittel (Viktualien) brachten. Seine Seeräuber wurden auch als Likedeeler (Gleichteiler der Beute) bezeichnet. Erst 1401 erlagen Störtebekers Schiffe der Übermacht der Hamburger. Er soll, nachdem ihm durch den Scharfrichter in Hamburg der Kopf abgeschlagen wurde, noch an vielen Gefährten vorbeigelaufen sein. Diesen hatte er damit das Leben gerettet. Nach dem Abbruch der Seeräuberschiffe entdeckte man, dass die hohlen Mastbäume voller Gold waren.

Da die stark zerklüftete Insel Rügen gute Verstecke für Schiffe und Schätze bot, sind viele Seeräubersagen hier angesiedelt. Aber auch an der weiteren pommerschen und mecklenburgischen Küste weiß man von Störtebeker zu berichten.

→ Nossendorf, → Prerow, → Sassnitz

Rerik (Lkr. Rostock)

Dem legendären Rerik auf der Spur

Das Ostseebad Rerik liegt am Fuße der Halbinsel Wustrow zwischen Salzhaff und Ostsee und den Städten Wismar und Rostock. Ursprünglich hieß das Fischerdorf Alt-Gaarz und wurde 1938 – kurz vor der Umbenennung *Kühlungsborns* – in die Stadt Rerik »umgetauft«.

Auf dem Schloss-, Schmiede- oder Blocksberg, einer 16 m hohen Kieskuppe mit überdachter Aussichtsmöglichkeit unmittelbar neben der Seebrücke, vermutete man den legendären Seehandelsplatz Rerik, der schon in den Fränkischen Reichsannalen genannt wurde. Danach wurde die Burganlage der hier heimischen und mit Karl dem Großen verbündeten Obodriten auf dem Rückzug des Dänenkönigs Godofried im Jahre 808 vernichtet. Eine Sturmflut im Jahr 1872 zerstörte durch Abtragung den größten Teil der bedeutenden altslawischen Burganlage. Heute wird das legendäre Rerik nur wenige Kilometer westlich bei *Groß Strömkendorf* vermutet.

Auf der Halbinsel Wustrow, die vom Schlossberg gut einzusehen ist, soll vor mittlerweile 300 Jahren eine »Hexe« unschuldig hingerichtet worden sein. Sie verabschiedete sich von dieser Welt mit der Voraussage, dass ein Apfelbäumchen auf dem sandigen Boden wachsen würde, falls sie unschuldig sei. Der Baum stand tatsächlich viele Jahre auf der Sanddüne.
Nach einer anderen Sage fuhr ein Alt-Gaarzer Fischer in Werktagskleidern an einem Karfreitag statt zum Gottesdienst zum Fischen und verstieß damit gegen das christliche Gebot der Feiertagsheiligung. Plötzlich erhob sich ein Sturm und der Sünder ging mit seinem Boot unter. An jedem Karfreitag soll nun der Fischer während des Gottesdienstes ruhelos auf der See vor Alt-Gaarz umherfahren.
→ Kühlungsborn, → Penzlin

Nächtliche Totenduelle

Das Auffallendste an dem einheitlichen Backsteinbau aus dem 13. Jh. ist die durch Restaurierung um 1970 sehr gut erhaltene barocke Innenausmalung. Viele interessante Details lassen sich an dieser Kirche entdecken.
Gleich rechts neben dem (geweihten) Eingang fallen die »Löffelsteine« auf. Es sind vermutlich mit Löffeln, so wird es erzählt, beim Gang zum Gottesdienst herausgeschabte Löcher in den Backsteinziegeln. Das Pulver wurde als magische Arznei ins Viehfutter gegeben.
Die Taufe hat als erster gottesdienstlicher Weiheakt mit gegenseitiger verpflichtender Bindung zwischen Gott und Mensch für die jungen Erdenbürger einen hohen Stellenwert. Der in der Kirche freihängende Taufengel war ursprünglich beweglich, erzählt man. Da jedoch aus der Links- (schlechtes) oder Rechtsdrehung (gutes Zeichen) des Engels bei Taufen das weitere Schicksal des Täuflings abgeleitet wurde, machte der Pastor diesem Aberglauben durch eine unbewegliche Eisenstange, wie sie heute noch zu sehen ist, ein Ende.
Kirchenglocken hatten und haben vielfältige Funktionen. Sie rufen die Gläubigen zum Gottesdienst, riefen früher auch zur Arbeit, zum Mittagessen oder Abendgebet. Sie stellten den Kontakt zu Gott her und konnten Übel abwehren. Dazu musste eine Glo-

cke aber geweiht sein, denn ungeweihte Glocken standen unter dem Einfluss des Teufels. Die Kunst des Glockengießens war nur besonders christlichen Menschen vorbehalten. Ein misslungener Guss wurde mit der Anwesenheit des Teufels oder einer Hexe in Verbindung gebracht.
Nach einer Sage war es trotz vergeblichen Mühens des Meisters nur dem Lehrling gelungen, die Reriker Glocken zu gießen. Aus Neid stieß der Meister den Jungen aus einem Schallloch des Kirchturmes. Seither tönt die Glocke: »Schad is. Bar is. Dat de Lirjung dod is!«
Die bekannteste Sage Reriks bezieht sich auf das »Todtenduell von Alt-Gaarz«. Die vier eisernen Ringe an der Kapelle, an denen der Kirchenpatron (adliger Schutzherr) das Recht hatte, seine Pferde festzumachen, sind nicht mehr zu sehen. Nur der Grundriss nördlich der Kirche weist auf diesen Platz hin. Zwei Gutsherren, die beide das Patronat beanspruchten, duellierten sich wegen des Rechtes, den Kirchhof befahren zu dürfen. Der beim Duell Getötete wie auch der kurz darauf Gestorbene wurden in der Gaarzer Kirche begraben und duellierten sich als Geister mit Waffengeklirr wochenlang weiter, bis einer der beiden Kampfhähne in *Wismar* beerdigt wurde. Seitdem ist es ruhig in der Kirche.
→ Bad Doberan

Retschow (Lkr. Rostock)

Der begehrte Feuermeldehahn

Sehr versteckt liegt südlich von *Bad Doberan* das Dorf Retschow, das vor allem wegen des von der Familie Pentzin privat geführten Denkmalshofes bekannt ist. Nicht weit vom diesem niederdeutschen Hallenhaus aus dem Jahre 1787 entfernt steht in der Dorfstraße am früheren Standort der alten Feuerwehr ein fast mannshoher „steinerner" schwarzer Hahn. Er wurde im Jahre 2000 das Wappentier von Retschow. Seit 2020 schaut er von seinem neuen Domizil am Schulteich nun in Richtung Neubukow. Im Jahre 1983, zur 750-Jahr-Feier des Dorfes, hatten die Einwohner dem legendären Schwarzen Hahn, der dem nahegelegenen

Hahn mit teuflischer schwarzer Färbung, 1927

Neubukow schon anno 1729 eine größere Feuersbrunst erspart hatte, ein Denkmal gesetzt. Was der »Feuermeldehahn« tun musste, um in die Geschichte einzugehen, steht gleich auf einem Holzbrett neben dem Helden: Mitten in der Nacht brach in *Neubukow* ein Feuer aus. Der schwarze Hahn des Retschower Pastors sah das Rot am Himmel, krähte los und die Retschower eilten als erste Auswärtige den Neubukowern zur Hilfe. Auf Wunsch der Neubukower Stadtväter verkaufte der Pastor den »Wunderhahn« für das schöne Sümmchen von einem Taler. Über zwei Jahrhunderte lang sollen die Neubukower jährlich immer wieder für gutes Geld einen »swarten Füermeldehahn« in Retschow gekauft haben.

Ribnitz-Damgarten (Lkr. Vorpommern-Rügen)

Tanz der Flammen

Die Stadt Ribnitz-Damgarten liegt an der B 105 zwischen Rostock und Stralsund. Unmittelbar am Marktplatz mit der Stadtkirche St. Marien führt diese Bundesstraße vorbei. Ribnitz hat seit 1257 das Lübische Stadtrecht und war immer mecklenburgisch. 1950 wurde die Stadt mit der kleineren pommerschen Stadt Damgarten (seit 1258) vereint und dann 1952 als Ribnitz-Damgarten Kreisstadt. Mit der Kreisgebietsreform 1994 wurden die Stadt sowie das mecklenburgische Umland dem Landkreis Nordvorpommern zugeschlagen. Der Fluss Recknitz läuft als ehemalige Grenze durch die beiden einen Kilometer voneinander entfernten Stadtteile.

In Ribnitz prägen das ehemalige Klarissinnenkloster – heute hat dort das Deutsche Bernstein-Museum seinen Sitz – sowie die Stadtkirche das kulturgeschichtliche Bild. Die Stadt hat im Laufe der Jahrhunderte viele Brände durchlebt. St. Marien wurde nach dem Brand von 1455 tiefgreifend erneuert und erhielt den massigen Westturm. Der Brand von 1759 zerstörte die gotischen Pfeiler und Gewölbe sowie das Dach. Immer wieder musste die Kirche mühevoll aufgebaut werden. So erklärt sich auch die überlieferte, sagenhafte Wandlung einer Tragödie in eine Komödie. Ein Schuster sah einst über der Kirche Rauch aufsteigen und löste Feueralarm aus. Die Wasserpumpen und Wasserspritzen wurden hektisch herbeigeholt. Ein Bäcker misstraute der Aktion, da er keine Flammen sah. Aber der Spritzenmeister mit seinen Mannen hielt das Wasser auf den Turm.
Da sahen es alle: Ein schwarzer Mückenschwarm stand über der Kirche. Seitdem heißen die Ribnitzer – Mückenspritzer. In Platt: Mückensprütters.
Wer einmal dieses Naturschauspiel der Zuck- bzw. Tanzmücken mit ihrem Rauchschwaden vortäuschenden Paarungstanz erlebt hat, wird diesen Irrtum den Ribnitzern verzeihen. → Gützkow

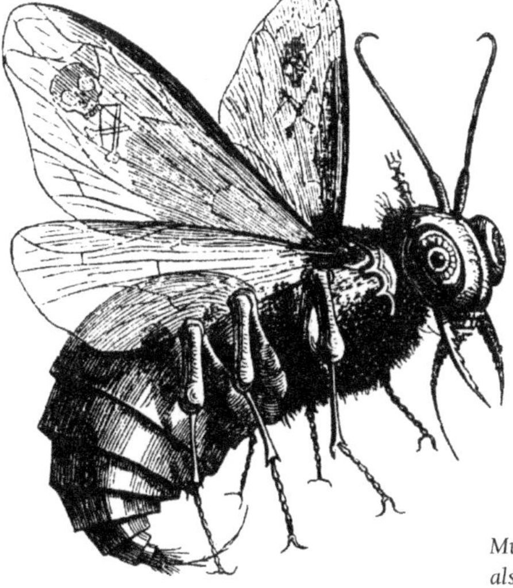

Mücken und Fliegen gelten als böse Dämonen.

Slawische Gottheit Radegast, Bronzefigur der Prillwitzer Idole. Stich, 1771

Röbel (Lkr. Mecklenburgische Seenplatte)

Das Orakel von Röbel

Das griechische Orakel von Delphi ist weltweit ein Begriff. Wer in Mecklenburg ein Orakel nacherleben will, muß in Röbel die Marienkirche in ihrem natürlichen Umfeld erleben. Die Stadt in Nähe der A 19 – Autobahnabfahrt Röbel – liegt am westlichen Ufer der Müritz. Seinen Namen hat Röbel der Legende nach der slawischen Gottheit Rabal zu verdanken.

Hier siedelte schon vor über tausend Jahren der slawische Stamm der Müritzer oder Morizer. Der Name leitete sich von slawisch more (Meer) und damit dem Gewässer der heutigen Müritz ab. Dort, wo sich heute St. Marien auf dem Kirchberg befindet, stand einst eine slawische Tempelburg, in deren Nähe die kleine Siedlung Robole, Robele oder Räbel lag. Mitte des 13. Jh. wurde die Pfarrkirche St. Marien auf dem Platz des Heiligtums gebaut. Der »Götze« Rabal aus dem zerstörten Heiligtum, wohl eine gut 3 m hohe Figur aus Eiche, soll unter der Kirche (nach der Sage unter der südlichen Turmseite) vergraben worden sein, um mehr Akzep-

tanz bei den heidnischen Slawen zu erreichen oder den eigenen Sieg zu demonstrieren. Neben dieser slawischen Siedlung wurde etwa zeitgleich in der neuen deutschen Siedlung »Neu-Röbel« die Nikolai-Kirche erbaut.
Seit 1252 gehörten Alt-Röbel zum Bistum Schwerin und Neu-Röbel zum Bistum Havelberg. Die Altstadt ist städtebaulich eine freie Ansiedlung um Heiligtum und Fürstensitz mit einem Markt davor. Geschützt durch umliegendes Wasser und Moore lebten hier vor allem Fischer und Bauern. In der mauerumbauten Neustadt waren Handwerk und Handel zu Hause. Die Gasse »Achter die Muer« lässt noch die Grenze erkennen. Nach dem Abriss einer hölzernen Kirche wurde St. Marien 1227 geweiht. Im 15. Jh. wurde ein niedriger Turm mit Satteldach angebaut, 1849/51 ein neuer, 58 m hoher Turm errichtet. Fand man dabei die Reste des hölzernen Rabal? Nach Errichtung der Holzkirche, dann der Steinkirche und des mittelalterlichen Turmbaus wäre dieses eine weitere Möglichkeit gewesen, das Orakel zu Gesicht zu bekommen.
Von den Slawen weiß man, dass sie Orakel in ihren Heiligtümern für Antworten zur eigenen Zukunft, z. B. bei kriegerischen Entscheidungen, nutzten. Die Götterfigur Rabal in Röbel soll im hölzernen Heiligtum der Sage nach mit »Ja« durch Nicken geantwortet haben. Bei Weissagungen mit »Nein« als Antwort zeigte Rabal den Fragenden durch Umdrehen die »kalte Schulter«.
→ Altenkirchen, → Prillwitz, → Putgarten

Eine Glocke für arm und reich

Die St. Nikolaikirche steht in der Neustadt von Röbel, dem eigentlichen Stadtzentrum, und dort gleich in Rathausnähe. Ursprünglich wurde die Pfarrkirche ohne Turm gebaut. Der heutige Turm stammt wahrscheinlich aus dem 15. Jh. Die Nikolaikirche soll in alter Zeit eine Glocke geschenkt bekommen haben. Das war den Bewohnern (wohl den slawischen der Altstadt) ein Dorn im Auge. Sie waren zwar getauft, hielten es aber, so die Sage, weiterhin mit den heidnischen Göttern. Den Bürgern gelang es, die Glocke im Dambecker See westlich von Röbel zu versenken. Jedes Jahr am Johannistag tauchte die Glocke für eine Stunde auf; doch niemand konnte sie an Land holen.

Erst ein Mädchen löste den Zauber. Herausgezogen hat sie dann ein Ackerbürger mit vier Ochsen und dem Spruch: »Alle (Ochsen) zugleich – die Glocke soll gehen für arm und reich.« Zur Erinnerung an den Standort Dambecker See, heißt es, hört man noch heute das Läuten: »Dambeck, Dambeck.«
→ Luckow

Rostock (Hanse- und Universitätsstadt)

Die langlebigen 14 Brüder

An der Westfront des Rostocker Marienkirchturmes mitten in der Innenstadt ist ein Figurenfries in etwa 35 m Höhe zu erkennen. Den besten Blick darauf hat man mit einem Fernglas aus der Gasse »Faule Grube«, die früher als Stadtgraben die Mittel- von der Altstadt trennte.

Der Fries mit den 14 sitzenden Vollfiguren hat eine Länge von 11,80 m, einschließlich einer Lücke von 2,10 m in der Mitte – passend für

Petrus-Figur des Reliefs. Zeichnung, 1896

drei weitere Figuren. In den Zwickeln der baldachinartigen Bögen sind die Oberkörper zwölf weiterer Gestalten eingemauert. Die 14 Plastiken sind nur 75–85 cm hoch, die Gesichter gelb glasiert und zeigen wie alle anderen Friesteile Reste von tiefdunkler Glasur. Nur Petrus mit seinem Schlüssel ist eindeutig identifizierbar. Da die Figuren beschuht sind, bezweifelt der ehemalige Stadtbaudirektor Dehn um 1927, dass es sich um (üblicherweise barfüßig dargestellte) Apostel handeln könnte.

Die hohe Anbringung, die sehr alten Formelemente und die eigenartige Stückelung des Frieses machen es sehr wahrscheinlich, dass es sich hierbei um Überbleibsel der ersten Marienkirche handelt, die erstmalig 1231 erwähnt wird. Möglicherweise war die Figurenreihe im alten Chorraum in niedriger Höhe angebracht und wurde nach Abbruch des Vorgängerbaues am Turm vermauert. Damit wäre der Figurenfries aus der Zeit um 1230 die wahrscheinlich älteste Tonplastik Rostocks und vielleicht auch Mecklenburgs. Eine Sage aus dem 19. Jh. unterstützt diese Datierung in die Entstehungszeit des ersten Kirchenbaus:

Vor langer Zeit hatten 14 reiche Brüder den Entschluss gefasst, ein großes, prächtiges Gotteshaus in Rostock zu erbauen. Sieben von diesen Männern haben im ganzen Lande Geld und Baumaterialien zusammengebracht und nach Rostock geschickt; die anderen Sieben sind in der Hansestadt geblieben und haben hier den Bau beaufsichtigt und geleitet. Von diesen sieben in Rostock gebliebenen Brüdern hat einer die Kasse verwaltet und die anderen damit betrogen. Das ist jedoch entdeckt worden, worauf ihn seine Brüder getötet haben. Die Kirche allerdings wurde vollendet.

→ Kückenshagen, → Neubrandenburg (Jungfrauen)

Goldene Nase im Schatten der Sonne

Am Glatten Aal, einem nach einem früheren Wirtshaus benannten Platz in Rostocks Innenstadt, steht ein Denkmal für den dänischen Astronomen Tycho Brahe (1546 bis 1601), der an der Rostocker Universität studierte. Es befindet sich an der Südwand des Gebäudes der Rostocker Volks- und Raiffeisenbank und besteht aus einem Bronze-Relief, welches einen Mann mit goldener Nase zeigt, darüber eine Sonnenuhr mit Tierkreiszeichen. Die Einweihung des

Tycho Brahe mit Tierkreiszeichen und Tychonischem Weltsystem. Das Fernrohr wurde erst einige Jahre nach Brahes Tod erfunden.
Stich, 18. Jh.

Denkmals erfolgte im September 1996 aus Anlass von Brahes bevorstehendem 450. Geburtstag.

Eine Anekdote berichtet von einem Streit am Abend des 29. Dezember 1566. Es ging bei dem Disput des Studenten mit einem anderen dänischen Edelmann um die Frage, wer wohl der bessere Mathematiker sei. Die Nachwelt weiß nun, dass Brahe der bessere war. An diesem kalten Winterabend jedoch kam es, vermutlich beim Friedhof der Rostocker Marienkirche, zum Duell, bei dem Brahe sowohl den Kampf als auch einen Teil seiner Nase verlor. Bei Brahes guten Kontakten zu Rostocker Medizinprofessoren hatte er bald eine neue Nase – aus einer Gold-Silber-Legierung. Diese Nasenprothese musste der forsche Forscher ständig mit einer Salbe ankleben.

Der Bildhauer Prof. Jo Jastram aus Kneese schuf mit Relief, Sonnenuhr und Duell-Tafel ein Denkmal mit kulturgeschichtlichem Hintergrund. Mit seinem auf der Sonnenuhr dargestellten Tychonischen Weltsystem – Brahe sah die Erde als ruhenden Mittelpunkt der Welt – bewegte sich Brahe zwischen den geozentrischen und heliozentrischen Weltauffassungen.

Ein Fingerzeig für Bürgermeister

Das Steintor ist neben dem Kröpeliner Tor, dem Mönchen- und dem Kuhtor eines der vier heute noch bestehenden Stadttore (von einst 22) der alten Hansestadt. Das Tor befindet sich nördlich des Platzes, der zu DDR-Zeiten Karl-Marx-Platz hieß, aber über Jahrzehnte auch den meisten Rostockern unbekannt blieb, weil er keine einzige Hausnummer hatte. Man hatte daraus gelernt, als man mit den großen Straßenumbenennungen Anfang der neunziger Jahre diesen Platz namenlos ließ. So findet man das Steintor besser am Südende der Steinstraße, die wahrscheinlich die erste gepflasterte Straße dieser Stadt war.

Nach dem Niederreißen des Steintores im Jahre 1566 auf Befehl des mecklenburgischen Herzogs Johann Albrecht fiel der Neubau des ursprünglich um 1270 errichteten Steintores in die Jahre 1574/77. Über dem stadtseitigen (nördlichen) Portal befinden sich drei Wappen, die von der Stadt genutzt wurden. Das Wappen mit Stierkopf in der Mitte entspricht dem großen Stadtsiegel, das linke mit dem Greifen entstand nach dem Geheimsiegel (secretum) und das rechte Wappen mit kleinem Greifen im oberen Feld wurde als Ratswappen genutzt. Die alte lateinische Inschrift darunter: »Sit intra te concordia et publica felicitas« heißt sinngemäß: »In deinen Mauern herrsche Eintracht und allgemeines Wohlergehen.«

Dieser Spruch bezieht sich auf die Zwietracht, die jener Mann über den drei Wappen in Rostock gesät haben soll. Als die Sage um 1860 niedergeschrieben wurde, standen links und rechts der Plastik noch die geteilte Jahreszahl 1314. In jenem Jahr hatte der dargestellte verräterische Rostocker Bürgermeister nach innnerstädtischen Auseinandersetzungen den Feinden (dem mecklenburgischen Landesfürsten) das Steintor geöffnet. Dafür wurde der Verräter später in den naheliegenden Lagebuschturm – heute Reisebüro – geworfen und angekettet. Ein Armeisen an dem Mann am Steintor ist noch als Warnung erkennbar. Ebenso das schildähnliche Rundbrot, das ihm zum Wasser gereicht wurde, bis er starb. Heute steht, wie nachweislich schon bei der Erbauung des Steintores und dann wohl wieder seit Ende der 1930er Jahre, das Baujahr »1576« am Tore, das mit der Sage nichts gemein hat.

→ Greifswald (Greifenland)

Auf den Hund gekommen

Von der Stadtautobahn Rostock-Warnemünde zum Stadtteil Schmarl abbiegend, kommt man zum IGA-Park-Gelände am Warnowtunnel. Nur wenige hundert Meter flussaufwärts gelangt man zu Fuß auf einem durch Schilf verlaufenden Weg zu dem Hügel am Wasser, auf dem vor über 700 Jahren noch die Hundsburg gestanden hat.

Wie man sich im 16. Jh. die um 1266 erbaute Hundsburg vorstellte, ist dem 9 m langen Gemälde über die Stiftungsgeschichte des Zis-terziensernonnenklosters zum Heiligen Kreuz zu entnehmen. Es hängt im Ostkreuzgang des heutigen Kulturhistorischen Museums am Rostocker Universitätsplatz. Ein weißer Hund auf dem sehr dunklen, im 18. Jh. übermalten Bild weist auf die Namensgebung hin. Dort, wo einst der Hund einer dänischen Prinzessin (vielleicht Margarete) über Bord fiel und sich schwimmend ans Warnowufer rettete, soll der Legende nach die Hundsburg gebaut worden sein. Ein Blick vom erhöhten, jungen Lärchenwald auf die Warnow macht noch heute deutlich, dass an dieser schmalen Stelle des Flusses die Kontrolle der Schifffahrt von einer Burg aus besonders leicht war.

Gefälschtes Siegel an der Stiftsurkunde des Klosters. Stich, 19. Jh.

Hier soll die dänische Königin Margarete wegen eines Unwetters gestrandet sein, als sie sich nach einer Wallfahrt zum Papst auf der Rücktour nach Dänemark befand. Nach der wahrscheinlich später gefälschten, auf den 22. September 1270 datierten Stiftungsurkunde des Klosters zum Heiligen Kreuz wollte Margarete aus Dankbarkeit für ihre Rettung auf dem Gelände der bereits existierenden Hundsburg ein Kloster anlegen lassen. Die Königin erwarb den der Burg benachbarten Schmarler Hof mit vier Bauernstellen zur Anlage des Klosters. Von verschiedenen Seiten riet man der Königin aber von dem Klosterstandort ab und empfahl die Stelle am Stadtrand von Rostock, wo die Klosteranlage heute noch zu besichtigen ist.
Der Burghügel innerhalb der Feldmark des Klostergutes Schmarl gehörte der Stadt Rostock. Er wurde 1307 durch das Kloster mit der Auflage erworben, den Bau einer neuen Burganlage dort zu verhindern. Im Jahre 1582 sollen die letzten Mauerreste der *Hundsburg* abgetragen und in *Warnemünde* beim Hafenbau verwendet worden sein. Angeblich liegen noch Mauerreste im Hügel.

Blüchers Geist lebt

Blüchers Geist lebt nicht nur in den Köpfen der Rostocker und historisch Interessierter weiter. Personifiziert in Bronze gibt es ihn noch immer als Relief am Blücher-Denkmal, errichtet im Jahre 1819 auf dem Blücher- und heutigen Universitätsplatz. Am 16. Dezember 1742 wurde Gebhard Leberecht von Blücher in der Rostocker Altbettelmönchstraße 23 (ab 1863 Blücherstraße, seit 1947 Rungestraße) geboren. Er verbrachte seine ersten 14 Lebensjahre in der Hansestadt. Und weil das Grabmal auf seinem Gut in Krieblowicz (Schlesien, heute Polen) nach 1945 geplündert und sein Sarg verschleppt wurde, darf man Anfang und Ende des berühmt gewordenen Feldherrn mit der Aufstellung seines Denkmals in seiner Geburtsstadt Rostock angesiedelt sehen. Die Einweihung des Denkmals in Blüchers Geburtsstadt am 26. August 1819 und sein Tod in Krieblowicz am 12. September 1819 lagen so dicht nebeneinander, dass man geneigt ist, von einer »Ablösung« zu sprechen. Beide Blücher »lebten« noch 17 Tage nebeneinander – bis der bronzene Rostocker Feldmarschall allein das Andenken über alle späteren Wirren und Kriege hinweg bis heute zu bewahren hatte. Fast scheint es, als wäre das Denkmal einzig einem studentischen Streich zu verdanken – übrigens neben dem Denkmalsstandort vor dem Universitätshauptgebäude der einzige Bezug Blüchers zur Universität: In einer Hamburger Zeitung erschien im Juli 1814 die fiktive Nachricht, dass Rostocker Kaufleute 2500 Taler für ein Blücherdenkmal bereitgestellt hätten. Diese in vielen Zeitungen verbreitete Nachricht erreichte auch Blücher selbst, der schon einen Monat später der Stadt ein Dankschreiben zukommen ließ. Unter Zugzwang geraten, entschlossen sich die mecklenburgische Ritterschaft, die Städte und die Herzöge beider Landesteile zur Aufstellung eines Denkmals für den schon legendären General in preußischen Diensten. Fünf Jahre sollten allerdings noch bis zur Einweihung des Denkmals vergehen. Im August 1816 weilte Blücher selbst ein letztes Mal in Rostock.

Um das dann 1819 aufgestellte Blücher-Denkmal am Universitätsplatz entstanden später die klassizistische Neue Wache (1822/25) mit ihren großen Säulen und das »Neue Museum« (1844) als linker Anschluss an das Universitätshauptgebäude, das 1867/70 nach dem Abriss des »Weißen Kollegs« gebaut wurde. In dieser fast zeitgemäßen Kulisse steht Blücher noch heute in Bronze auf hohem Sockel, ohne Ross. Blücher ist auch so groß genug. Nur einmal, im Jahre 1938, wurde er aus der Platzmitte an den jetzigen Standort versetzt.

Der legendäre Vorreiter in preußischen Diensten siegte 1815 in der Schlacht bei Waterloo als 72-Jähriger hoch zu Ross über Napoleon. Zwei Tage zuvor lag er noch bei Ligni stundenlang unter seinem gestürzten Pferd lebensgefährlich eingeklemmt. Der eigentliche Retter des Generalfeldmarschalls war sein Adjutant Graf Nostiz. Dieser warf geistesgegenwärtig seinen Mantel über den liegenden Feldherrn und schützte ihn so vor den französischen Soldaten. Später befreiten ihn dann die Preußen aus dieser Lage.

Bei soviel Glück vermutete der Bildhauer Johann Gottfried Schadow (1764–1850), der auch Schöpfer der Quadriga auf dem Brandenburger Tor war, einen Schutzengel (Genius). Johann Wolfgang von Goethe als Gutachter legte Wert auf die Zeitlosigkeit von Bild und Text des Denkmals. Er wollte den Adjutanten nicht als

Porträt Blüchers. Stich, 19. Jh.

realis-tisches Abbild. Der »Schutzgeist Germaniens« wurde zum zeitlosen Retter Blüchers. Graf Nostiz bekam trotzdem noch seinen Platz in der Geschichte – er wurde auf dem Relief abgebildet als der einzige sich noch verteidigende preußische Offizier.
Blüchers Geist ist auch heute noch für die Rostocker da. Streichelt man als Schüler oder Student das Haupt des Schutzgeistes vor Prüfungen dreimal, so soll der geflügelte Geist seine Hilfe auf den Schutzsuchenden ausdehnen. Andere stark abgegriffene Körperteile des jungen Mannes belegen, dass man sich offensichtlich auch auf die ursprünglichen Aufgaben eines Genius besonnen hat: Bei den Römern galt ein Genius als göttliche Verkörperung männlicher Zeugungskraft.

Die Rostocker Aalschlange am Rathaus

Die heute bronzene Schlange an der nördlichsten Eingangs-Doppelsäule des Rathausvorbaus am Neuen Markt bewahrt noch immer das Geheimnis ihrer Herkunft. Mitten im Herzen der Hansestadt »lebt« sie unauffällig.

Schlangen symbolisieren durch ihre alljährlichen Häutungen Unsterblichkeit. So einige »Häutungen« und Verjüngungskuren hat das Rostocker Tier schon hinter sich. Der barocke Vorbau des Rathauses stammt aus den Jahren 1727/29. Erste mündliche Überlieferungen zur Schlange reichen aber nur bis zum Anfang des 19. Jh.. Über hundert Jahre ist das Reptil mit Sicherheit alt, da der Heimatforscher und Rostocker Stadtarchivar Ludwig Krause (1863–1924) es im Jahre 1882 gezeichnet hat. Damals ringelte sich die Schlange, aus einer Kalkmasse gefertigt, noch vollständig um die Säule.

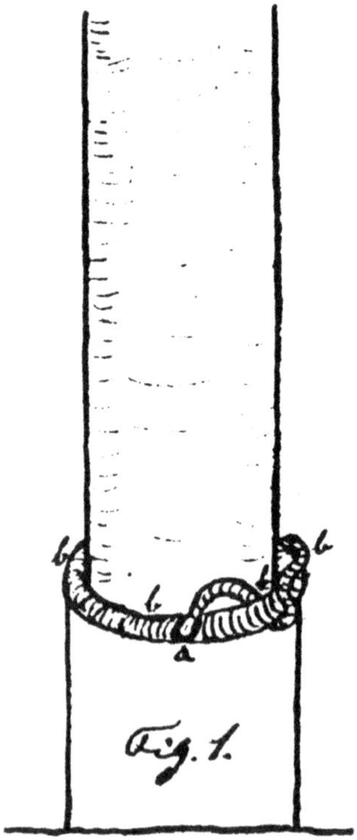

Rathausschlange nach Stadtarchivar Ludwig Krause. Zeichnung von 1882. Archiv der Hansestadt Rostock

1927 wurde die Rathausfassade gestrichen und dabei die inzwischen wohl sehr schlecht erhaltene Schlange trompetenförmig aus Zement zwischen beide Säulen gelegt. Ihre ursprüngliche Länge von 1,30 m behielt sie. So überdauerte sie auch die Bombenangriffe auf Rostock, denn im wesentlichen blieb das Rathaus mit Ausnahme des spätgotischen Ratsstubenbaus erhalten, während ringsum die meisten Häuser in Schutt und Asche fielen.
Bis 1989 veränderte sich das Aussehen des Zement-Tierchens sehr zu seinem Nachteil. Da im Volksmund das Reptil auch als Aal gehandelt wurde, hatte man wohl in diesen Zeiten wenig Wert darauf gelegt, Werbung für den seltenen Fisch zu machen. Seit Dezember 1993 war es wieder ganz sicher eine Schlange (eine Kreuzotter?) – erstmalig aus wetterbeständiger Bronze – aber schon bald wieder ohne die gespaltene Zunge. 1997 wurde die Schlange aus ihrer Halterung gerissen und tauchte erst vier Jahre später auf. Die Rostocker Volks- und Raiffeisenbank sponserte 1998 eine Neuanfertigung. Der Rostocker Kunstformer Erhard John gestaltete ein Fabelwesen: eine Schlange mit Aalschwanz. Somit wurden zwei Legenden verbunden. Die Zunge des Bronzetieres zeigt außerdem eine römische Fünf – es ist bereits die (mindestens) fünfte Schlangen-Generation am Rathaus. Die neue Schlange wurde 1998 am Stadtgeburtstag (24. Juni – Johanni) auf den Namen Johannes getauft. Sie auf dem Kopf zu streicheln, soll Glück bringen.

Keilers Abendmahl

Die Hansestadt Rostock hat mit der Rostocker Heide den zweitgrößten Waldbesitz und das drittgrößte Grundeigentum aller deutschen Städte. Man erreicht dieses Gebiet gut von *Markgrafenheide* (an der Ostsee) aus. Von Rostock-Ost in Richtung Ribnitz-Damgarten auf der B 105 kommend, biegt man am Abzweig *Rövershagen* in westliche Richtung nach Markgrafenheide.
Im Waldgebiet braucht man eine Spezialkarte mit Wanderwegen, in der auch das Brandtskreuz eingetragen ist. Dieser Wald mit 5 500 Hektar im Nordosten der Stadt wurde schon im Mittelalter erworben. Am 25. März 1252 kaufte Rostock, das die Stadtrechtsbestätigung 1218 erhalten hatte, dem Landesherrn Borwin III. einen großen Teil der Heide ab. Es entstanden am Rande der Heide

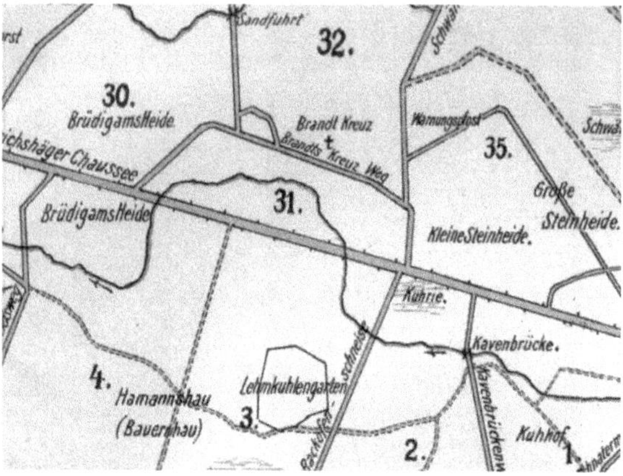

Karte der Rostocker Heide von 1926 mit Brandtskreuz

Dörfer wie Rövershagen, *Hinrichshagen* oder Markgrafenheide. Das Holz wurde für den Haus- und Schiffsbau gern genutzt. 1951 wurde die Rostocker Heide staatliches Volkseigentum, viele militärische Sperrgebiete folgten. Als die Hansestadt Rostock in den 1990er Jahren das Waldeigentum zurückerhielt, musste die mittelalterliche Verkaufsurkunde von 1252 als Beweismittel dienen.
Auch für die Jagd spielte die Heide über die Jahrhunderte eine große Rolle. Zwischen Markgrafenheide und Hinrichshagen steht in der Steinheide am Brandtskreuzweg das Brandtskreuz. Das von einem niedrigen Zaun umgebene Holzkreuz mit der Aufschrift »Jäger Brandt – 1669« wird immer wieder erneuert (zuletzt 1994). Es erinnert an das Todesjahr des Jägers Brandt. Er soll in nachreformatorischer Zeit einen Hostienfrevel begangen haben und muss-te letztendlich dafür sterben.
Brandt wollte einen wilden Keiler erlegen, der die Felder der umliegenden Heidedörfer verwüstete. Um ihn sicher treffen zu können, behielt der Jäger beim Gottesdienst am Karfreitag die Hostie (Oblate als Abendmahlsbrot) im Mund anstatt sie herunterzuschlucken. Nach Freischützenart lud er Kugel und Oblate zugleich und traf auch auf Anhieb das Wildschwein. Doch als er sich näherte, sprang das Tier auf und schlitzte dem Jäger Brandt mit den Hauern den Leib auf. Man fand ihn dort, wo heute das Kreuz steht.
→ Neubrandenburg (Türklopfer)

Sagard (Lkr. Vorpommern-Rügen)

S

Vom Leben der Zwerge am Dobberworth

Das wohl größte bronzezeitliche Hügelgrab der Insel Rügen ist der Dobberworth südlich von Sagard auf der Halbinsel Jasmund. Es wird mit Riesen und Zwergen in Verbindung gebracht. Dort, wo die B 96 sich vor Sagard in Richtung *Sassnitz* gabelt, liegt 200 m weiter unübersehbar auf dem Feld östlich der Straße der Dobberworth. Dieses Hügelgrab hat eine Höhe von rund 10 m und einen Durchmesser von etwa 40–50 m.

Eine Riesin hatte sich einst in den für sie niedlichen Fürsten von Rügen verliebt. Obwohl er zu ihr aufblickte, konnte er diese große Liebe nicht erwidern. Daraufhin wollte sie mit ihrem Kriegsvolk gegen *Putbus* ziehen und musste dazu den schmalen Landübergang bei *Lietzow* am Südende der Halbinsel Jasmund mit Erde auffüllen. Sie holte sich eine Schürze voll Sand von der Stubnitz. Ausgerechnet bei Sagard riss ihr die Schürze. Erde und Steine ließen den Hügel entstehen, der im 19. Jh. noch »Dubberwort« hieß. Das war für die Riesin ein schlechtes Omen, und sie ließ von ihrem Vorhaben ab.

Dieses künstliche, riesige Bauwerk nahmen alsbald die Zwerge in Besitz. Ein Bauer sollte einmal ein Fuhre Getreide am Berg abliefern und wunderte sich schon, was damit auf dem freien Felde geschehen sollte. Da fand er den Berg weit geöffnet, sodass er abladen konnte. Als Dank bekam er sein Gespann mit Gold beladen, durfte sich aber beim Hinausfahren nicht umblicken. Da er es dennoch tat, schloss sich der Dobberworth sofort. Nur seine Pferde und den vorderen Wagen konnte er retten.

Die Zwerge Rügens »leben« wie überall in Mitteleuropa als Volk von Dämonen mit einem König unter der Erde. Bevorzugte Wohn- und Arbeitsstätten sind die bronzezeitlichen Hügelgräber mit unterirdischen Grabkammern. Der vorchristliche Ursprung der Zwerge liegt im Totenglauben begründet. Sie werden mit Größen von einer Elle bzw. zwei Fuß (ca. 60 cm) angegeben, sind uralt, teilweise unsterblich. Im Gegensatz zu Kobolden sind sie keine Einzelgänger und leben in Familien. Kinder dienen ihnen in den Höhlen bis zum maximal zwanzigsten Lebensjahr. Dann werden

Das Zwergenvolk. Holzstich nach einer Zeichnung von A. Ehrhardt in L. Bechsteins Sagenbuch, 1853

sie freigelassen. Der Mensch selbst kann sich ihrer bedienen, wenn es ihm gelingt, sich eines Gegenstandes (z. B. Mütze oder Jacke) von ihnen zu bemächtigen. Die »Unterirdischen« auf Rügen treten in vier Farben in Erscheinung. Die weißen Zwerge sind die edelsten und liebsten. Die grünen scheinen noch recht erträglich. Die braunen und schwarzen aber sind nur auf Ärgernisse mit den Menschen aus. Jeder Stamm hatte seinen eigenen König. Die drei dunkleren Stämme mussten aber den weißen Zwergen dienen.

→ Malchow, → Peckatel, → Wismar

Sassnitz (Lkr. Vorpommern-Rügen)

Sassnitz ist ein guter Ausgangspunkt für die Erwanderung des sagenreichen Nationalparks Jasmund. Die zweitgrößte Stadt Rügens (Stadtrecht seit 1957) erwuchs im Jahre 1906 aus dem Fischerdorf Sassnitz und dem Bauerndorf *Krampas*. Seit der zweiten Hälfte des 19. Jh. gehörte der Ort zum meistbesuchten Seebad Rügens mit internationalem Publikum. Der Steinstrand von Sassnitz musste aber stets mit Sand aufgefüllt werden. So liefen dann die Ostseebäder *Binz*, *Sellin*, *Baabe* und *Göhren* mit ihren natürlichen Sandstränden ab dem Ende des 19. Jh. bis heute Sassnitz den Rang ab. Die Fischerei und seit 1986 der Fährhafen *Mukran* für den Handel nach Skandinavien und in Richtung Russland dominieren die Wirtschaft der Stadt.
Seit 1929 stehen bereits die Kreidefelsenküste und der Wald der Stubnitz unter Naturschutz. 1990 wurde der Nationalpark Jasmund geschaffen. Hier gelten strenge Regeln des Naturschutzes. Das Auto sollte man an den auf Autokarten markierten Parkplätzen (z.B. in *Hagen*) abstellen und den Buspendelverkehr nutzen oder einfach wandern. Auch von Sassnitz aus fahren regelmäßig Busse zum Reiseziel Nummer eins, dem Königsstuhl. Von April bis Oktober kann man Schiffe für die Fahrt entlang der Kreideküste nutzen.

Der Stuhl der Könige

Zwischen Königsstuhl und Sassnitz befindet sich die oft gemalte (so von dem Romantiker Caspar David Friedrich) und fotografierte Kreideküste Rügens. Es ist das höchste weißeste und wohl schönste Meeresufer Deutschlands (Königsstuhl mit 117 m). Die Rügener Kreideküste ist eine etwa 70 Millionen Jahre alte Meeresablagerung mit vielen Feuersteinen am Strand. In der Nähe liegt der mit 161 m größte Berg Rügens – der Piekberg. Der Touristenmagnet Jasmund ist durch seine ungewöhnliche Natur und die Besiedlung seit Jahrtausenden besonders sagenumwoben.
Bekanntester Kreidefelsen ist der Königsstuhl als Felsvorsprung in der »Großen Stubbenkammer«. In »alten (vorchristlichen) Zeiten« soll hier auf einem künstlichen Königstuhl aus Erde dem Herrscher von Rügen gehuldigt worden sein. Hier wurden auch die Könige

gewählt, die zuvor als Mutbeweis den Kreidefelsen von der Seeseite erklimmen mussten. In neueren Zeiten soll die Klettertour nur dem schwedischen König Karl XII. (1682 – 1718) im Jahre 1715 geglückt sein, der dann oben frühstückte und seine Seeschlacht gegen die Dänen beobachtet haben soll.

Jungfrauen-Erlöser am Waschstein gesucht

Zu Füßen des Königsstuhls liegt der Waschstein – ein etwa 60 Tonnen schwerer eiszeitlicher Findling aus Skandinavien. Auf diesem flachen Stein im Ostseewasser erscheint alle sieben Jahre bei Tagesanbruch zu Johannis (24. Juni) eine verwunschene Jungfrau, die ein blutdurchtränktes Tuch im Meer wäscht. Es heißt,

Waschstein am Königsstuhl

Störtebeker hat dieses Fräulein aus Riga einst in einer nahen Höhle mit seinen Schätzen eingeschlossen. Er selbst konnte nicht zu ihr zurückkehren, da er 1401 in Hamburg mit 711 Spießgesellen hingerichtet wurde. Wer sie an diesem einen Tag mit »Gott helf, schöne Jungfrau!« begrüßt, hat sie erlöst und dem zeigt sie ihre verborgenen Schätze.
→ Göhren, → Nossendorf, → Prerow, → Ralswiek

Eine schlechte Wahl

In der großen Stubbenkammer, einer kammerartigen Einbuchtung der Kreidefelswand, in deren Mitte der Königsstuhl als Fels steht (»Stubben« ist ein Baumstumpf), soll sich eine Höhle mit einer schwarz gekleideten Frau befinden, die dort früher einen goldenen Becher bewachte. Ein zum Tode Verurteilter soll einst in die heiße Höhle geschickt worden sein, um den wertvollen Becher zu holen. Da er nicht die verwunschene Frau inmitten von Flammen, sondern den Becher in der Höhle wählte, blieb sie auf ewig in ihrem Gefängnis im Kreidefelsen.
Als der Mann die Höhle mit dem Becher verließ, verschwand die auf dem Felsen wachende weiße Taube und wurde durch einen schwarzen Raben abgelöst. Über die lauten Klageschreie waren die draußen wartenden Männer so entsetzt, dass sie den Goldbecher als Buße in die nur wenige Kilometer westlich liegende Kirche nach *Bobbin* trugen, wo er noch heute sein soll. Tatsächlich wird dort heute noch ein Kelch aufbewahrt, wohl aber aus einer späteren Zeit.

Reizvoller Vollmond am Hertha-See

Nur einige hundert Meter westlich des Königsstuhls liegt der stimmungsvoll vom Wald eingerahmte Hertha-See. Er ist zwei Hektar groß und 11 m tief. Vor knapp zweitausend Jahren ist er durch Felseinstürze entstanden. Von ihrer nahegelegenen Burg soll die heidnische Göttin Hertha jährlich mehrmals in ihrem von zwei Kühen gezogenen Wagen zum Baden gefahren sein. Die Sklaven, die sie beim Baden mit ungeweihten Augen sahen, wurden anschließend ertränkt. Daher, so die Sagen des 19. Jahrhunderts, gäbe es auch kaum Beschreibungen von Hertha. Nachts bei Vollmond soll

Germanische Göttin Hertha

oft eine schöne Frau mit Gefolge im See baden. Beobachtet man sie, kann man vom See verschlungen werden.
Anfang des 17. Jh. reiste der Danziger Philip Klüver auf die Insel Rügen. See und Burgwall fand er so beschrieben, wie der Römer Tacitus einst den germanischen Kult um die Göttin Hertha beschrieb. Und so folgerte Klüver in seinem Buch »Germania antiqua« (1616), dass die Kultstätte der germanischen Hertha genau hier läge. Spätere Geschichtsschreiber übernahmen diese These als Feststellung in ihre Bücher. So ist nun die nicht nachweisbare germanische Hertha-Kultstätte am – wie wir heute wissen – slawischen Burgwall angesiedelt worden.

Alte Burg mit frischer Buche

Nur wenige Meter nordöstlich des Hertha-Sees befindet sich eine slawische Burganlage mit über hundert Meter langem Rundwall. Hier soll der Tempel der Göttin Hertha gestanden haben. Von hier aus startete sie besonders zur Erntezeit ihre Rügen-Rundreisen, nach denen sie stets badete.

Dicht bei der Hertha-Burg steht die bereits nachgepflanzte Hertha-Buche. Daneben der verrottende Baumstamm des Vorgängers. Der Baum soll über das Rauschen der Blätter für Voraussagen der Hertha-Priester genutzt worden sein. Da Buchen nur bis etwa 300 Jahre alt werden, darf man hierbei eine Touristenattraktion des 19. Jahrhunderts mit sich entwickelnder Germanenverehrung vermuten.

Dass die teils schwer auffindbare »germanische Opferstätte« bei der Hertha-Burg in der Mitte des 19. Jh. als Touristenfreude inszeniert wurde, sieht man ihr heute noch an. Auf dem größeren Stein mit »Blutrinnen« sollen die Menschen umgebracht worden sein. Die kleinere Steinschale (steinzeitlicher Mahlstein?) fing das Blut (ab und an in aufgefrischter roter Farbe) auf.

Ein Findling mit den »Abdrücken« von Kind und Erwachsenem in Nähe der Hertha-Burg ist als Sagenstein ausgewiesen. Es heißt, dass eine der Hertha-Dienerinnen verbotenerweise einen Adligen nächtlich im Walde liebte. Die Göttin ordnete die Steinprobe an, um die Schuldige zu finden. Als die Dienerin wie die anderen Jungfrauen auf den Stein stieg, drückten sich ihr Fuß und der eines Kindes ein. Zur Strafe stürzte der Priester die Ungehorsame vom Kreidefelsen. Hertha aber ließ die Frau unbeschadet auf das Schiff ihres Geliebten gleiten.

Satow (Lkr. Rostock)

Der Zeitensprung des Bräutigams

Das Kirchdorf Satow liegt etwa 20 km südwestlich von Rostock direkt an der Landstraße nach Wismar. Um 1219 verschenkte Fürst Borwin Satow an das braunschweigische Kloster Amelungsborn. Schon 1301 gab dieses Kloster Hof und Dorf Satow samt Kirchenpatronat an sein Tochterkloster in Doberan. Nach dessen Säkularisierung im Jahre 1552 geht Satow wieder an das landesherrliche Domanium, also an den Herzog, zurück. Satow hat zwei Kirchen. Als die neugotische Kirche nach den Erbauungsjahren 1864/67 genutzt werden konnte, gab man die alte Feld- und Backsteinkirche aus dem 13. Jh. auf. Sie ist nun schon seit über hundert Jahren von rankendem Efeu malerisch überwuchert. Aus dieser Zeit der seltenen Konstellation einer neuen neben einer sehr alten Kirche stammt wohl die Sage vom Gang ins Totenreich, bei der eine Zeitverschiebung von 300 Jahren eine wesentliche Rolle spielt. Die Geschichte erinnert an die Schnelllebigkeit der Zeit. Am Vorabend seiner Hochzeit ging ein Mann über den Kirchhof und stieß an einen Totenschädel. Im Scherz lud er den Toten zur Hochzeitsfeier ein. Dieser kam auch und bedankte sich beim Bräutigam mit einem gemeinsamen nächtlichen Gang ins Totenreich. Die eiserne Tür zu diesem »Paradies« lag zwei Fuß tief unter dem Grab, wo tags zuvor der Schädel lag. Nach einer halben Stunde kam der Bräutigam wieder heraus. Das Dorf hatte sich völlig verändert. Der Unglückliche erkundigte sich beim ihm unbekannten Pastor. Dieser schaute ins Kirchenbuch und stellte fest: »Heute vor dreihundert Jahren ist ein junger Mann gleich nach der Hochzeit verschwunden.«

Schaprode (Lkr. Vorpommern-Rügen)

Ohren-Stele der Erinnerung

Schaprode ist vor allem wegen seiner kurzen Fährverbindung zur *Insel Hiddensee* bekannt. Das Dorf liegt im Nordwesten Rügens etwa auf halber Höhe Hiddensees. Am nördlichen Ortseingang, genau in der Straßengabelung *Poggenhof* – Schaprode – *Trent*, steht ein mittelalterlicher Sühnestein. Die verwitterten Reste eines Kruzifixreliefs und die Minuskelschrift sind kaum noch erkennbar. Diese meist als Mordwange, auch als Mönchstein, bezeichnete Stele mit zwei runden »Ohren« stammt aus dem Jahre 1368. Für einen damals begangenen Mord musste der heute unbekannte Täter einen Sühnestein an der Mordstelle errichten. Bei diesem Stein sollen früher zur Erntezeit Messen abgehalten worden sein.

→ Gingst, → Grün Kordshagen, → Kruckow, → Pasewalk, → Schönberg, → Sommersdorf, → Sülsdorf

Schönberg (Lkr. Nordwestmecklenburg)

Wandernde Mordwange

Von den etwa zwei Dutzend Sühnesteinen im Lande gibt es mit einem Drittel in diesem Landkreis die größte Konzentration an erhaltenen Gedenksteinen.

Der Kreuzstein in Schönberg, auf halber Strecke der West-Ost-Luftlinie Lübeck – Grevesmühlen, ist leicht zu finden. Er steht am neuen Standort an der Nordseite der Stadtkirche St. Lorenz und Katharina, einem Backsteinbau aus dem 14. Jh.

Der mannshohe Kalkstein zeigt auf der Vorderseite zum Weg hin ein Kruzifix mit Christus und einem Betenden. Auf dem Spruchband das Gebet: »Erbarme dich meiner – Gott.« Die Rückseite bringt eine Klärung des Grundes für die Aufstellung des Sühne-, Gedenk-, Denk-, Kreuzsteines oder der Mordwange, wie die sy-nonymen Bezeichnungen lauten. Sie sollten an einen Ermordeten erinnern und wurden vom, durch Schiedsspruch verpflichteten, Täter zur Sühne der Schuld oder von der Verwandtschaft zum Gedenken aufgestellt.

Diesen Stein ließ für den Ritter Hermann Carlow sein Sohn Vicke um 1410 errichten. Ursprünglich stand der Stein auf der Feldmark südlich von Schönberg (seit 1822 Stadt). Um 1850 wurde er

Mord. Petrarcas Trostspiegel, Holzschnitt

vom wahrscheinlichen Todesort entfernt und in einen Bachlauf als Übergangsstein gelegt. Dort fand man ihn wieder und brachte ihn 1895 zur Kirche an den jetzigen Standort. Es heißt, die Carlows, die südlich von Schönberg im gleichnamigen Dorf ihren Stammsitz hatten, waren Raubritter in ständiger Fehde mit den Nachbarn. Sie fingen, nachdem sie als Krieger nicht mehr gebraucht wurden, erst nach und nach mit der Bewirtschaftung ihrer Güter an. Hermann Carlow konnte an diesen Neuerungen wohl nicht mehr teilhaben.
→ Gingst, → Grün-Kordshagen, → Kruckow, → Pasewalk,
→ Schaprode, → Sommersdorf, → Sülsdorf

Schwerin (Landeshauptstadt)

Stadt der Löwen

Ihrem Gründer Heinrich dem Löwen hat es die Landeshauptstadt im Westen Mecklenburgs zu verdanken, dass nicht nur im Zoologischen Garten einige, sondern im Stadtbild über einhundert Löwen zu sehen sind. Der bekannteste gehört zum Löwendenkmal am Markt. Nachzuweisen ist die Stadtgeschichte bis ins 8. Jh., als auf der heutigen Schlossinsel eine Hauptburg des slawischen Stammes der Obodriten stand. Beim Feldzug des Sachsenherzogs Heinrich der Löwe brannte die Burg im Jahre 1160 ab und wurde sofort neu aufgebaut. In dieses Jahr fällt auch die deutsche Stadtgründung Schwerins. Die geschützte Burg am Wasser machte den Ort strategisch interessant. Die günstigere geographische Lage der mecklenburgischen Hansestädte Rostock und Wismar schaffte diesen bereits im 13. Jh. wirtschaftliche Vorteile. Schwerin blieb eine von der Kirche und der Landesherrschaft über die Jahrhunderte beherrschte Residenzstadt.

Das Schweriner Wappen bildet den Herzog von Sachsen und Bayern Heinrich den Löwen (1129–1195) hoch zu Ross mit Lanze und Schild ab. Der Schild zeigt einen Löwen, der als Wappentier über Nordafrika und die Römer in unseren Raum gelangte. Am Markt wurde zum 800. Todestag Heinrich des Löwen im August 1995 ein steinernes Löwendenkmal des Bildhauers Peter Lenk ein-

Löwe – das Schweriner Wappentier. Holzschnitt, 1669

geweiht. Die 4,50 m hohe Säule mit dem 1 m großen Löwen zeigt die historische »Spur des Löwen«.
Kurz darauf kam – wie in vielen »Löwenstädten« – zum tausendsten Geburtstag Mecklenburgs am 10. September 1995 noch ein bronzener Abguss des Braunschweiger Originals von 1166 in die Stadt. Das Raubtier – Heinrich hatte es bereits 1171 geweiht – steht brüllend vor dem Schweriner Dom. Gelassener schauen sich die beiden über 400 Jahre alten Löwen vor dem heutigen Antikhandel am Markt an. Die steinalten Tiere standen einst vor der ersten Apotheke Schwerins – mitten in der Stadt der Löwen.

Petermännchens Domizil

Die Ersterwähnung einer slawischen Burg »Zuarin« fällt in das Jahr 1018. Nach deren Schleifung baute 1160 Heinrich der Löwe dort eine Festung, 1358 gab es einen Nachfolgebau der Grafen von Schwerin. Das heutige Erscheinungsbild des Schweriner Schlosses ist den Architekten des 16. und 17. Jh. zu verdanken, wenn auch die meiste Bausubstanz dem 19. Jh. entstammt. Die Insellage macht dieses Schloss mit seinen Gärten zu einem Paradies für Schlossgeister.
Im Schloss von Schwerin »lebt« das Petermännchen – die berühmteste Sagenfigur des Landes. Eine Schranktür mit einer frühen Petermännchen-Darstellung aus dem 17. Jh. hängt im Säulenzimmer

des Schlossmuseums. Das Petermännchen, auf Stelzen laufend, ist wie zur Zeit des Dreißigjährigen Krieges (1618–1648) gekleidet: mit Stulpenstiefeln, Halskrause und einem großen Federhut. Die zahlreichen Stiche des 19. Jh. lehnen sich an diese historische Darstellung an; sie zeigen das Petermännchen zusätzlich mit einem Schlüsselbund in oder vor dem Schweriner Schloss.

Einen mutigen, jungen Soldaten aus dem Schloss führte das Petermännchen eines Tages in die unterirdischen Gänge des Schlosses. Zu der verschlossenen Gittertür eines Gemaches passte einer seiner mächtigen Schlüssel. Der Jüngling musste nun ein Schwert putzen, mit dem einst ein Obodritenfürst einen alten Christenpriester getötet hatte. Sobald das Schwert blank sei, wäre auch das Petermännchen erlöst. Der Schlossgeist gab sich als ehemaliger slawischer Herrscher zu erkennen, und der Soldat erlöste den ruhelosen Geist. Für seine Hilfe wurde der Mann mit drei Stangen Gold belohnt. In dieser Sage gibt sich das Petermännchen als erlösungsbedürftige »Arme Seele« eines slawischen Herrschers zu erkennen.

Zur Herkunft des Petermännchens gibt es zahlreiche Spekulationen: Der Schlossgeist wird auf einen Prinzen oder König der vorchristlichen Zeit oder gar auf eine slawische Gottheit zurückgeführt. Auch ein Puck (wahrscheinlich von niederdeutsch »Pogge« – Kröte), ein koboldartiger Hausgeist, wird als Vorfahre des

Das Schweriner Schloss, heute Landtag und Museum

Petermännchen im Schweriner Schloss. Stich, 1823

Petermännchens gedeutet. Ebenso wird der kleinwüchsige Hofzwerg Hartwig Kremer, der im 18. Jh. am Schweriner Hof für Unterhaltung zu sorgen hatte, als Vorbild für den Schlossgeist gesehen. Die Identität könnte auch über seinen Namen gelöst werden. »Mönken«, niederdeutsch für »Männchen«, werden die kleinwüchsigen Zwerge in norddeutschen Sagen genannt. Peter war ein sehr häufiger Name, der allgemein für einen namentlich nicht Bekannten verwendet werden konnte. Danach wäre das Petermännchen schlicht ein »unbekannter, kleiner Mann«.

Rettung am Seenot-Brunnen

Schwerins markantester Brunnen steht auf dem Bahnhofsvorplatz, dem heutigen Grunthalplatz. Ursprünglich stand er auf dem Markt und zog dann 1927 an seinen jetzigen Standort. Die Witwe Mühlenbruch wollte ihrem verstorbenen Mann, einem Mitbegründer der Seenotrettungsstation Warnemünde, ein Denkmal setzen, was die Stadtväter sehr erfreute. Hugo Berwald (1863–1937), ein in Schwerin geborener Bildhauer, schuf den Brunnen »Rettung aus Seenot«. Von vier Seehunden umgeben, rettet ein athletischer Mann eine junge, nackte Frau aus der Ostsee. Bei der Einweihung und Enthüllung im Jahre 1910 rief die Witwe erschrocken: »Herr Bürgermeister, das Weib ist ja so nackt!« und fiel in Ohnmacht. Der Bürgermeister soll, natürlich bekleidet, die gut angezogene Dame gerettet haben.

Das Ungeheuer von Loch Zuarin

Mit einer Länge von 21 km und einer Tiefe bis zu 54 m bietet der Schweriner See ein großes Areal für die Tierwelt. Zoologische Bücher früherer Jahrhunderte beschrieben mit Vorliebe exotische Tiere nach Erzählungen und Zeichnungen Reisender oder nach vorhandenen Trockenpräparaten. Gerade die mitgebrachten Meerestiere wurden teils durch Eintrocknung entstellt, aber auch mit Phantasie präpariert, um von Abenteuern zu berichten oder andere von den Ländern fernzuhalten. So mögen auch die Beschreibungen über die Meeraffen aus dem Mittelmeergebiet entstanden sein. Der mecklenburgische Sagensammler Albert Niederhöffer hat gewiß auch die zoologische Fachliteratur gekannt, als er 1859

Meeraffe. Holzschnitt, 1670

die Legende um das »affenähnliche Ungeheuer« im Schweriner See festhielt.
Vor vielen Jahren soll ein Fischer im Schweriner See seine Netze ausgeworfen haben, als plötzlich in seinem Kahn ein großes, behaartes, affenähnliches Ungeheuer (etwa ein großer Fischotter?) auftauchte. Zunächst verhielt der Mann sich stundenlang still, schlug dann aber mit dem Ruder auf das Untier ein. Das Ungeheuer flüchtete schreiend, das Boot kippte und der Fischer sank unauffindbar in die Tiefe. An dieser Stelle soll noch heute ein Strudel sein. Ältere Leute erzählen, dass sie ab und an um Mitternacht im Schilfe ein Plätschern gehört haben, das vom Fischer herrühre, der zu dieser Stunde immer wieder zusammen mit dem affenartigen Ungetüm an die Oberfläche des Sees kommt.

Schwerinsburg (Lkr. Vorpommern-Greifswald)

Der Kummer blieb nicht aus

Fast zentral im Dreieck *Anklam, Friedland, Ueckermünde* liegt Schwerinsburg. Das Gutsdorf ist über die B 197 zwischen Anklam und Friedland am Abzweig Sarnow Richtung Osten erreichbar. Die Familie von Schwerin besaß das Lehen schon vor dem 16. Jh. 1720/38 ließ der spätere Feldmarschall Kurt Christoph von Schwerin das zweigeschossige Schloss bauen. Als König Friedrich Wilhelm I. 1733 den Ort besuchte, gestattete er auf Anfrage, das alte Kummerow in Schwerinsburg umzubenennen.
Überliefert ist allerdings, dass der gut gelaunte Monarch sich auf den alten Ortsnamen bezog und meinte, solch ein fröhlicher Ort dürfe nicht Kummerow heißen. Zu Ehren seines Besitzers solle das Dorf vielmehr Schwerinsburg heißen. Vielleicht war das zu voreilig. Das Schloss wurde zum Kriegsende 1945 mit allem Inventar niedergebrannt.

Lohnende Landwirtschaft mit ausreichend Mäusen

Der verfallene, mittelalterliche Fangelturm in Schwerinsburg soll mit dem Hohen Stein, einem tür- und fensterlosen Wachtturm vor Anklam, durch einen unterirdischen Gang verbunden gewesen

sein. Ein winziges Männchen, Jochen Abt, hatte als Geist jede Nacht zwischen beiden Türmen Schätze zu transportieren. Dazu benutzte es eine Kutsche mit sechs weißen Mäusen. Eines Tages bat das Männchen einen gerade pflügenden Bauern um Hilfe. Der unterirdische Gang war verschüttet. Mit zwei Ochsen schaufelte der Landwirt das Erd-reich zu einem Erddach auf, unter dem der Geist durchfahren konnte. Dafür wurde der Helfer mit einem Kästchen Gold entlohnt. Alle zehn Jahre muss dieser Gang erneuert werden. Es lohnt also, einen Blick auf die Felder bei Schwerinsburg zu werfen.
→ Anklam, → Malchin

Sommersdorf (Lkr. Vorpommern-Greifswald)

Kreuz des Südens

Im äußersten Südostzipfel Vorpommerns liegt an der Landstraße zwischen *Penkun* und der brandenburgischen Stadt *Prenzlau* der Ort Sommersdorf mit einer Kirche aus dem 13. Jh. Der mannshohe Sühnestein aus gotländischem Kalkstein steht vor der Kirchhofsmauer links neben dem Tor.
Durch die viertelkreisförmigen Aussparungen, die ein griechisches Kreuz ergeben, gehört dieser Sühnestein zu den besonders schönen Stücken von nur gut zwei Dutzend im ganzen Lande. In den beiden oberen Ecken ist das Wappen des hier seit dem 13. Jh. beheimateten Rittergeschlechts der Familie von Ramin eingearbeitet: ein liegender Schild mit Mauerbrecher, einem Werkzeug für Maurerarbeiten.
Der Standort des Denksteines vor der Kirche lässt vermuten, dass hier nicht der Ort der Tötung ist, wie sonst üblich. Vielmehr sollte durch die unmittelbare Erinnerung vor dem Gottesdienst das Opfer in die Gebete eingeschlossen werden. Dafür spricht auch der Text auf dem Stein in gotischen Minuskeln und lateinischer Schrift. Dort heißt es: »Im Jahr des Herrn 1423 wurde Hinrik von Ramin erschlagen von den Bauern in Wartin«. Dazu berichtet die Legende, dass Ramin von den Bauern des südlich gelegenen pommerschen Kirchdorfes *Wartin* erschlagen wurde, weil er einer ihrer Frauen Gewalt antat. Die Bauern dürften auch den Sühnestein er-

Griechisches Kreuz auf dem Sühnestein

Zum Vergleich lateinisches Kreuz

richtet haben, um Abbitte zu leisten für die frevelhafte Tat. Es wird gemunkelt, dass die Frauen den Ritter selbst erschlagen hätten.
→ Gingst, → Grün Kordshagen, → Kruckow, → Pasewalk, → Schaprode, → Schönberg, → Sülsdorf

Spantekow (Lkr. Vorpommern-Greifswald)

Sensibler Sensenmann

Auf halber Strecke der B 197 zwischen *Anklam* und *Friedland* biegt man in Richtung Westen bei *Sarnow* nach Spantekow ab. Unter einer großen Kastanie steht dort auf dem Friedhof der eingehauste Grabstein. Er fällt gleich auf, denn er ist von oben bis unten gespalten und wird nur durch eiserne Bänder zusammengehalten. Einen Teil der Geschichte kann man bereits der Grabsteininschrift entnehmen. Ein Blitz zündete die Wohnung der fünfköpfigen Familie aus dem Nachbardorf *Rebelow* im Jahre 1802 an.
Während eines Gewitters flüchteten alle mit ihren Sensen vom Felde. Der Vater erfuhr in diesem Moment von einem Nachbarschaftsstreit der Mutter und rief: »Da soll doch das Donnerwetter einschlagen!« Und so kam es – der Blitz schlug am Sensenblatt ein und erschlug die Familie. Nach Fertigstellung des Grabsteines schlug in diesen ein weiteres Mal der Blitz ein. Auf erschreckende Weise wurden so der Zorn Gottes und die stetige Nähe des Sensenmannes deutlich, die besonders auf Streit und Flüche reagieren.

Spornitz (Lkr. Ludwigslust-Parchim)

Warum Brot und Wurst steinalt machen

Auf halber Strecke (B 191) zwischen Parchim und *Neustadt-Glewe* liegt das Dorf Spornitz. Knapp 2 km von der Spornitzer Kirche entfernt befindet sich in nordöstlicher Richtung, von der Straße aus gut sichtbar, eine Baumgruppe nahe der Eisenbahnlinie. Hier liegen die seit 1905 bodendenkmalgeschützten »sieben Spornitzer Steine«. Sechs Steine liegen im Kreis zwischen Bäumen, ein siebenter etwas entfernt in westlicher Richtung am Feldrand. Vergleiche tun sich auf mit den ehemals sieben Steinen bei *Dambeck* unweit von Wismar und mit dem Steintanz von *Boitin*. Die These von Steinumfassungen alter Grabanlagen aus der vorrömischen Eisenzeit (600 v. Chr. bis zum Jahre Null) bei diesen Steinkreisen ist umstritten. Bei Karl Bartsch (1879) heißt es sinngemäß über »Die sieben Steine bei Spornitz«: Sieben Knaben hüteten einst die Pferde von Spornitzer Bauern. Aus Langeweile nahmen sie Würste als Kegel und Brot als Kugeln für ihr Kegelspiel. Ein kleiner Mann warnte sie vor diesem frevelhaften Umgang mit der Nahrung und hieß sie fortzugehen. Nur einer ging, während die anderen sechs Jungen zur Strafe in Steine verwandelt wurden. Doch der siebte drehte sich nach seinen Freunden um – und wurde, in einiger Entfernung, auch zu Stein. Der Spornitzer Müller soll später einen Stein für seine Gartenmauer verwendet haben. Dieser blutete so lange, bis er an den alten Ort zurückgebracht wurde. Im Jahr 2019 wurden die überwucherten Steine wieder freigelegt und aufgerichtet. Da sie seit 2001 ins Gemeinde-Wappen gehören, wird man sie in 100 Jahren wohl auch noch finden können.

→ Boitin (Steintanz), → Greifswald (nachfolgend alle mit Sagen-Wappen), → Ivenack, → Retschow, → Zarrentin

Sternberg (Lkr. Ludwigslust-Parchim)

Heilige Blutsauger

Die alte Stadt Sternberg im Norden des heutigen Landkreises Parchim liegt überraschend bergig. Auf dem ehemals slawischen Burgwall wurde Ende des 13. Jahrhunderts die heutige Stadtkirche St. Maria und St. Nikolaus errichtet. Ein rechteckiger Granitstein mit zwei Fußabdrücken ist an der äußeren Südseite der Kirche bei der Heiligen Blut-Kapelle eingemauert. Die Legende um diesen Stein hat der Stadt als Wallfahrtsort zeitweise Reichtum gebracht. Ein Jude aus Sternberg kam um 1492 durch Verschulden eines Priesters in den Besitz von zwei geweihten Oblaten (als Hostien stehen sie symbolisch für das Brot Christi). Bei einem Hochzeitsfest durchstachen die Juden die Oblaten in ihrer Ausgelassenheit auf dem Tisch. Ein Wunder geschah – die Hostien bluteten. Zutiefst erschrocken wies der jüdische Gastgeber das bei ihm dienende christliche Mädchen an, die in ein Tuch eingewickelten Oblaten außerhalb der Stadt in den Mühlbach zu werfen. Beim Mühlentor kam das Mädchen nicht mehr weiter. Es versank im Steinpflaster und konnte nur rückwärts wieder heraus. Vor dem Hause ihres Dienstherrn brach sie wegen dieser frevelhaften Tat tot zusammen. Am nächsten Morgen entdeckte man beim Mühlentor den Stein mit den zwei Fußabdrücken.

Die Hostien wurden nach der Verbrennung von 27 beteiligten Juden und des strafbaren Priesters im Jahre 1492 zusammen mit dem Tisch des Frevels in der eigens erbauten Heiligen Blut-Kapelle aufbewahrt und dort verehrt. Gegen die in den 1520er Jahren

Judenverfolgung im Mittelalter. Holzschnitt, 1493

einsetzende mecklenburgische Reformation gab es in Sternberg erheblichen Widerstand, da der Kult um das Heilige Blut damit sein Ende fand. Auf dem Landtag an der Sagsdorfer Brücke bei Sternberg beschlossen die Stände (Geistliche, Adel, Bürgertum) im Jahre 1549 jedoch, an der evangelischen Lehre festzuhalten. Damit hatte sich die Reformation im Lande durchgesetzt. Übrigens hieß es im 19. Jahrhundert noch, dass sich im Stein »ein Paar den Eindrücken zweier sehr großer nackter menschlicher Füße nicht ganz unähnlich sehende Vertiefungen befinden« (Niederhöffer 1859). Heute kann man (wieder?) alle Zehen sehr deutlich sehen und auch die Schuhgröße überrascht für eine Dienstmagd.

Stralsund (Lkr. Vorpommern-Rügen)

Wie die Pfeil-Insel-Stadt ihren Namen bekam

Die Lage und der Name der Hansestadt Stralsund am Strelasund sind eng mit deren Siegel und Wappen verbunden. Als festländisches »Tor zur Insel Rügen« ist die Stadt nicht zu verfehlen. Im ältesten Stadtsiegel von 1265 sieht man über einem fast trogähnlichen Boot ohne Takelage einen großen Pfeil. Das deutsche Wort »Pfeil« wird allgemein mit dem slawischen Wort »stral« gleichgesetzt.

Stralow hieß die slawische Fischersiedlung, die in der Gründungsurkunde von 1234 mit Verleihung des lübischen Stadtrechts an das spätere Stralsund genannt wird. In einer Urkunde von 1240 erscheint der Name Stralsund erstmalig. Es ist eine Mischbildung aus dem slawischen »stral« (Pfeil) und dem deutschen »sund« (Meerenge, Durchfahrt).

Die vorgelagerte Insel Dänholm (Holm ist der mittelniederdeutsche Ausdruck für kleine Insel, Erhebung, Hügel) wurde im Mittelalter »Insula strala« (lateinisch für Pfeil-Insel) genannt. Immer wieder wird behauptet, dass Stralsund sich von der geographisch pfeilartigen Insel Dänholm ableitet, obwohl es dafür keinen rechten Bezug gibt, denn der Dänholm ist eher rundlich.

Die Sage des frühen 19. Jh. berichtet, dass die Insel ihren Namen Dänholm nach den vor Jahrhunderten angreifenden Dänen bekam.

Was geschah? Mit einer großen Anzahl von Schiffen kamen die Dänen nachts zur Insel Dänholm, um den Ort zu überfallen. Die Stralsunder hatten das zwar bemerkt, doch waren alle Schiffe mit Kriegern auf See, bis auf die kleinen Fischerboote ohne Segel im Hafen. Mit diesen griffen die verbliebenen Stralsunder die Dänen überraschend an, mussten sich aber doch gegen deren Übermacht zurückziehen. Weiter heißt es in der Sage, dass »Weiber und Kinder« die Fischer wieder zurück zu den Dänen geschickt haben. Die verzweifelten Stralsunder Fischer kämpften im »Zweifrontenkrieg« so mutig, dass »kaum drei oder vier Schiffe« nach Dänemark fliehen konnten, der Rest wurde vernichtet. Das könnte in den 1160er Jahren gewesen sein, wo die Dänen ringsherum Wendenkreuzzüge durchführten, aber nie in Stralsund auftauchten.
Das einfache Boot mit zwei Fischen unterm Kiel im ältesten erhaltenen Siegel von 1265 könnte auf diesen Sieg der Fischer hinweisen.

Stralsunder Siegel mit Pfeil, 13. Jh.

Üblich sind nämlich sonst große Koggen mit Segeln und Takelage auf den Siegeln. Als die deutschen Siedler um 1200 nach Stralow kamen, lag diese Geschichte schon einige Jahrzehnte zurück. Möglich, dass dieses besondere Ereignis in Siegel, Wappen und Namen der neuen Stadt einfloss. Dann würde der Pfeil plausibel für die kraftvolle Angriffsrichtung der Fischer stehen. Durch das spätere Drehen der Pfeilspitze im Stadtwappen nach oben ist die Erinnerung an den Sieg der Fischerboote verblasst.

In vino veritas

Im südöstlichen Altstadtkern steht die mittlere der drei Pfarrkirchen dieser Stadt. St. Jakobi wurde 1303 erstmalig genannt und hat von den drei Kirchen am meisten gelitten. 1628 schossen die Wallensteinschen Truppen auf das Gotteshaus. Dann kamen 1678 die kurfürstlichen Soldaten und trafen mit rund 40 Kugeln Langhaus und Turm. 1813 zerstörte die Druckwelle eines explodierenden Schiffes die Fenster. Die größten Schäden aber brachten die Bombentreffer 1944 und die Plünderungen nach Kriegsende. Etwas abseits des Touristenstroms gelegen, wurde wegen der großen Bauschäden nur sehr zögerlich in die Erhaltung der Bausubstanz investiert. Inzwischen begann seit 1990/91 eine umfassende Restaurierung und schon teilweise Nutzung für Veranstaltungen.

Von den etwa 30 Kanonenkugeln aus Wallensteins Belagerung, die die Jakobikirche trafen, sind heute noch einige an der Ostseite in größerer Höhe zusehen. Unter Wallensteins Belagerung hielten sich die Schäden in Grenzen, und das war einem Glücksumstand und etwas Aberglauben zu verdanken. Ursprünglich wollte der listige Wallenstein Soldaten nach der Trojanischen-Pferd-Methode in der Stadt einquartieren. Die Stralsunder lehnten solche Gastfreundschaft ab, und der Feldherr marschierte im Juni 1628 vor der Stadt auf. Den Stralsundern aber standen die Dänen und Schweden bei, und sie selbst kämpften tapfer.

Die Kaiserlichen verloren allein an einem der ersten Tage 1 500 von insgesamt 25 000 Mann. Die mit vielen Teichen und dem Sund umgebene gut befestigte Stadt blieb uneinnehmbar. Als Wallenstein gerade mit seinen Generälen bei einem Glas Wein im Feldlager vor den Toren saß, traf ein Querschläger das Glas des Befehlshabers, während er es zum Munde führte. Das war ein großer Schock und ein schlechtes Omen für ihn. Sofort brach Wallenstein das Lager ab, 12 000 Soldaten soll er bis dahin schon verloren haben, und zog sich nach Mecklenburg zurück. Der Sieg der Stralsunder nach fast einmonatiger Belagerung wird seither – mit Unterbrechungen – alljährlich im Juli bei den Wallenstein-Tagen gefeiert.

Florale Fabelwesen im Katharinenkloster

Rätselhafte Wandmalereien, die immer noch nach einer Erklärung suchen, zeigt das klösterliche Sommerrefektorium. Im Katharinenkloster sind heute das Deutsche Meeresmuseum sowie das Kulturhistorische Museum (Eingang Mönchstraße) zu Hause. Für das ehemalige Dominikanerkloster wurde der Grundstein bereits Mitte des 13. Jh. gelegt. Der Höhepunkt des Klosters lag im 15. Jh. In dieser Zeit entstanden die Refektorien der Klausur mit den meisten Malereien. Nach der Reformation waren hier ab 1560 sowohl Gymnasium als auch Waisenhaus untergebracht. Die Katharinenkirche diente jahrhundertelang als Arsenal und Lagerraum mit eingezogenen Zwischenböden. Nach ihrer Restaurierung wurde für die Ausstellungen des Meeresmuseums in den 1970er Jahren ein dreigeschossiges Raumstabgerüst eingezogen.

Der Remter (Speise- und Versammlungssaal) im Katharinenkloster mit skurril-floralen, spätgotischen Wandmalereien. Zeichnung: Deutsches Meeresmuseum, Stralsund

Seit 1924 ist das 1858 gegründete älteste Museum Mecklenburg-Vorpommerns, das heutige kulturhistorische Museum, in den Gemäuern des Klosters beheimatet. Bei Restaurierungsarbeiten in den 1950er Jahren wurden an den Deckengewölben des Remters (bzw. Sommerrefektoriums) kuriose Mischformen aus Blumen, Menschen, Tieren unter Übertünchungen freigelegt.

Ab dem 14. Jh. wurde den Schwarzen Mönchen ein Verfall der Klosterdisziplin nachgesagt. In den schwierigen reformatorischen Zeiten, heißt es, sollen um 1523/25 die Stralsunder Dominikaner gegen die Ketzerei Spottlieder gedichtet und gesungen haben. Hierbei wurden in derber Sprache die Stadtoberen als Teufel, Affen oder Esel wegen ihrer Ungläubigkeit und Dummheit von den gelehrten Dominikanern verhöhnt. Das rächte sich mit der Reformation 1525, als die Mönche fliehen mussten. Die Pflanzen, aus denen Mensch und Tier herauskriechen, könnten die Bilder zum Text sein.
Die groteske Naivität der floralen Phantastereien mag auch mit den Nonnen des Brigittenordens Mariakrone, die 1525 aus dem Kloster jenseits der Teiche vor dem Kütertor fliehen mussten, zusammenhängen. Sie fanden hier bis zur Selbstauflösung für einige Jahrzehnte Unterschlupf und könnten mit einer eher verkrampften Fröhlichkeit der Deckenmalereien sich selbst über ihr Schicksal getröstet haben.
Seit Jahrzehnten zerbrechen sich Kunst- und Kulturhistoriker sowie Restauratoren die Köpfe. Oft genug erlebt man launige Kunst, bei der die Nachwelt mehr darüber weiß, als die Künstler sich jemals gedacht haben.

Verstecktes Handwerkszeichen

Das Rathaus mit Teilen aus dem 13. Jh. zählt zu den prächtigsten Profanbauten der norddeutschen Backsteingotik. Die Schauwand zum Alten Markt hin soll aus dem Lösegeld der 1316 im Hainholz vor den Toren der Stadt gefangenen Fürsten erbaut worden sein. Dazu rückten überraschenderweise die Stralsunder aus ihren Mauern und griffen das Heer des Dänenkönigs Erich Menved erfolgreich an.
Wandernde Handwerksgesellen des 17.–19. Jh. mussten sich neben ihren Fertigkeiten auch Kenntnisse zum Lande aneignen. Prüfende Meister konnten so kontrollieren, ob jemand wirklich in einer Stadt war. Das Wissen über große Kirchen oder zur Geschichte einer Stadt konnte man sich erlesen oder erfragen. Vor Ort muss man aber gewesen sein, wenn man nach Details gefragt wurde. So gilt die Rostocker Rathausschlange ebenfalls als Handwerkszeichen, das man genau beschreiben musste.

Ein Pferdekopf befindet sich als Handwerkszeichen am Stralsunder Rathaus.

Im glasüberdachten Innenhof des Rathauses ist in großer Höhe an der Nordseite, eigentlich kaum zu entdecken, der Kopf eines Pferdes angebracht. Die Buchstaben H. A. S. verweisen auf das Geschlechterwappen des Stralsunder Kämmerers Arnd Swarte. Wer belegen möchte, dass er wirklich in der Hansestadt Stralsund war, sollte sich das Aussehen des Pferdes und dessen Umfeld genau einprägen.

→ Rostock (Rathausschlange als Handwerkszeichen)

Strasburg (Lkr. Vorpommern-Greifswald)

Strasburg liegt beim Löffelstein …

Im südwestlichen Zipfel des Landkreises liegt an der B 104 zwischen *Neubrandenburg* und *Pasewalk* das Städtchen Strasburg. Aus mehreren bei einer Burg gelegenen Siedlungen wuchs die deutsche Gründung zusammen. Der nahezu rechteckige mittelalterliche Stadtgrundriss ist an den Wallgängen noch gut ablesbar. Nordöstlich vom Markplatz steht in Rathausnähe die Marienkirche – das

älteste Gebäude der Stadt. Als frühgotischer Feldsteinbau in den Jahren 1250/80 errichtet, wurde sie durch mehrere Brände zerstört. Mitte des 15. Jh. erfolgte der Neubau des Langhauses aus Backstein. 1837 wurde der markante Fachwerkaufsatz am Turm erneuert.
An der Kirchsüdseite in der Schulstraße sind in Brusthöhe teelöffelgroße, runde Vertiefungen zu erkennen: sogenannte Löffelsteine. An steinzeitlichen Anlagen werden sie auch als Schälchen- oder Näpfchensteine mit kultischem Ursprung bezeichnet. Die Löffelsteine entstanden, so wird vermutet, durch das Herausschaben von Backsteinpulver mit einem Löffel. Dieses Pulver aus geweihtem Hause wurde dem kranken Menschen als Arznei und auch dem leidenden Vieh gegeben. Besondere Kraft sagte man dem um Mitternacht geborgenen Pulver nach, jedoch wäre eine magische »Arzneigewinnung« aus der Kirche bei Tage schwerlich durchführbar gewesen. Der christliche Glaube war für die Menschen sehr wohl mit abergläubischen Praktiken vereinbar. Hauptsache – es half.
→ Göhren, → Kirchdorf/Insel Poel, → Rerik

Sülsdorf (Lkr. Nordwestmecklenburg)

Magnetischer Tatort

Aus Lübeck über *Selmsdorf* in Richtung Dassow auf der Bundesstraße 105 kommend, biegt man links nach *Teschow* ab. Nach 200 m befindet sich rechts hinter den Altneubauhäusern ein Waldweg, auf dessen rechter Seite ein Sühnestein aus gotländischem Kalkstein steht. Er wurde von seinem eigentlichen Standort, der vermutlichen Mordstelle auf der Wiese, um 17 m in Richtung Bundesstraße versetzt.
Die Vorderseite zeigt ein Kruzifix auf einer Anhöhe mit einem knienden und betenden Mann, der eine Geldtasche am Gürtel trägt. Auf dem Spruchband steht in Minuskeln (Kleinbuchstaben): »Erbarme dich meiner, Gott.« Die untere fünfzeilige, gotische Minuskelschrift lautet: »Bittet Gott für Marquard Börtzow, der im Jahr 1398 am Tage des heiligen Clemens (23. November) starb.« Die Rückseite des übermannshohen Gedenksteines ist leer. Die schon um 1900 bekannte Volksmeinung, dass die Mordwange im un-

terirdischen Teil vollkommen dem oberirdischen gleich sein soll, hat sich beim Umsetzen nicht bestätigt. Meist ist der schmucklose Fundamentteil in der Erde etwa einen Meter lang. Es heißt, Teschower und Sülsdorfer hätten früher die Pflicht gehabt, den Sühnestein mit hufeisenförmigem Kopfstück jährlich zu wenden. Der Sühne- oder Denkstein markiert die Stelle eines Mordes. Hier musste der Mörder nach Schiedsspruch Abbitte für die Tat leisten. Der Geldbeutel scheint auf einen Raubmord an einem Fremden hinzuweisen. Auch die Sage nimmt darauf Bezug. Aus Dassow kommend soll ein, wohl Lübecker, Kaufmann von zwei Räubern überfallen worden sein. Erst zehn Jahre nach dem Mord hörte ein Mädchen an dieser Stelle den Erinnerungsdialog der beiden Täter und zeigte diese an. Die Mörder wurden ergriffen und hingerichtet. Bei mittellosen oder noch unbekannten Tätern konnten die Gedenksteine auch von der Verwandtschaft gesetzt werden. Zumindest hier hatte der Legende nach die Falle zugeschnappt: Mörder kommen immer an den Ort der Tat zurück.

→ Gingst, → Grün Kordshagen, → Kruckow, → Pasewalk, → Schaprode, → Schönberg, → Sommersdorf

Sühnestein in Sülsdorf. Foto: Hartmut Schmied

T

Tessin (Lkr. Rostock)

Abwehrzauber im Hexenhaus

Die alte Ackerbürgerstadt Tessin liegt an der B 110 östlich von *Rostock* am Westufer der Recknitz, des Grenzflüsschens zwischen Meck-lenburg und Vorpommern. Am Marktplatz steht das Mühlen- oder Hexenhaus. Es wird als Heimatstube, Bibliothek und Hochzeitshaus genutzt.

An der Südwand des 1742 gebauten Wohnhauses, hinter dem einst eine Windmühle stand, ist im Fachwerk eine Windmühle aus Ziegelsteinen mit ihren Flügeln in »Freudenstellung« zu sehen. Sie hat Unheil abwendende Bedeutung und soll Hexen, Geister und anderen bösen Zauber vom Haus fernhalten. Durch den Zusammen-hang »mahlen – Mehl – reiche Nahrung« gewann die Mühle ihre Mystik. »Mühlen mahlen Gottes Korn«, und wo Gott ist, sind keine Geister, lautet noch heute die Begründung der Einheimischen für die Wirksamkeit des Zeichens.

Magischer Ziegelsteinschmuck nach Karl Baumgarten

Teterow (Lkr. Rostock)

Ein toller Hecht mit Brunnen

Von der Autobahn A 19 fährt man etwa 40 km südlich von *Rostock* die Abfahrt Güstrow herunter und dann in östliche Richtung nach Teterow. Die Stadt gilt als geographischer Mittelpunkt von Mecklenburg-Vorpommern, belegt durch eine gusseiserne Reliefplatte auf dem Marktplatz. Doch darf man das glauben im mecklenburgischen Schilda, der Stadt, in der seit spätestens dem 17. Jh. Schildbürgerstreiche nachweislich zu Hause sind? Einige der Teterower Geschichten ähneln denen im »Lalebuch« (Narrenbuch), der aus dem Elsass stammenden und erstmals 1597 gedruckten Sammlung solcher Streiche. Während die Teterower mit den »Vorwürfen«, auf den Kopf gefallen zu sein, lange Zeit nicht klarkamen, änderte sich die Einstellung zu den alten Sagen mit der Aufstellung des Hechtbrunnens. 1914 wurde dieses Wahrzeichen Teterows

Hecht mit Glocke im Teterower See

am Markt durch Spenden der Bürger errichtet und eingeweiht. Sein Schöpfer ist der mecklenburgische Bildhauer Prof. Wilhelm Wandschneider (1866–1942), der in der Stadt Plau ein Personalmuseum hat.

Die Geschichte, wie die Teterower einen Hecht aufzubewahren gedachten, scheint eine originäre Teterower Sage zu sein. Der Teterower See wurde vom Stadtfischer bewirtschaftet. Eines Tages fand sich im Netz ein riesiger Hecht, den man noch eine Weile bis zu einem großen Fest im Wasser halten wollte. Dazu wurde dem gefangenen Tier eine Glocke umgebunden. An dem Ort, wo man den Hecht frei ließ, wurde in den Fischerkahn eine Kerbe geschnitten, damit man sich so die Stelle merken konnte. Das erwies sich jedoch als »unprobat«, denn bis heute ist dieser Hecht nicht aufgetaucht. Ein überdurchschnittlich pfiffiger Teterower vermutete, dass sich der Fisch das Band abgestreift hätte.
Beim jährlichen Hechtfest wird an dieses Ereignis erinnert. Dann sind die Teterower bemüht, den slawischen Ortsnamen auf »Auerhahn-Ort« zurückzuführen. Allerdings soll Auerhahn (ähnlich wie »dumme Gans«) in einigen slawischen Sprachen auch Tölpel oder dummer Kerl bedeuten. Danach würde ein balzender Auerhahn seinen Verstand und Scharfsinn verlieren. Die Teterower dementieren solch einen Zusammenhang jedoch vehement.

Die Bullenwiese auf dem Malchiner Tor

Im Malchiner Tor, dort, wo sich südliche Ringstraße und Malchiner Straße kreuzen, befindet sich das Stadtmuseum Teterow. Hier wird sowohl die Geschichte um den Teterower Hecht erklärt wie auch eine »Schildbürger«-Sage, die unmittelbar mit diesem Stadttor aus dem 14. Jh. in Verbindung steht. Die Geschichte ist noch vor jener Zeit angesiedelt, als im 18. Jh. auf jeder Etage vier Haftzellen errichtet wurden und das Tor bis 1891 (teils bis 1945) als Stadtgefängnis genutzt wurde. Es war eine durchaus strafbare Handlung, die Teterower Bürger am Stadttor begangen haben sollen:
Auf dem Malchiner Tor wuchs stets prächtiges Gras und den Teterowern tat es leid, diese Weide ungenutzt zu lassen. So zogen sie eines Tages ihren Stadtbullen an einem um den Hals gelegten Strick hoch, damit das Rind das Gras abweide. Die heraushängende Zunge des Tieres deuteten die Teterower als kulinarische Vorfreude. Oben angelangt, war der Bulle allerdings zur Überraschung der Bürger tot.

Stadtbulle am Malchiner Tor

Torgelow (Lkr. Vorpommern-Greifswald)

Hasenfalle

Die Stadt Torgelow liegt zwischen *Ueckermünde* und *Pasewalk* nahe der polnischen Grenze und ist über die Bundesstraße 109 zu erreichen. Aus Richtung Anklam kommend liegen in Torgelow rechts hinter der Uecker-Brücke etwas von der Straße entfernt die teils begehbaren, meterhohen Reste der Burg Neu-Torgelow. Im Mittelalter wechselte die Burg zwischen den Herzögen von Pommern und den Markgrafen von Brandenburg ständig ihre Besitzer.

Plünderung eines Dorfes durch Raubritter

Als Ausstellungsort zahlreicher brandenburgischer Urkunden wird sie erstmalig 1281 erwähnt. Um 1359 erhielt das Geschlecht der Hase die Burg Neu-Torgelow (die Hasenburg) zum Lehen. Bertram Hase fiel mit seinen Mannen als Raubritter über Ueckermünde, Pasewalk und die umliegenden Dörfer her. Die Plünderer und Wegelagerer waren durch ihre mit drei Wassergräben umgebene Burg inmitten von Moor und Wiesen fast uneinnehmbar geschützt. Als eines Tages am Linkenbruch ein Kaufmannszug überfallen werden sollte, gerieten die »Hasen-Leute« in einen Hinterhalt. Als Frauen verkleidet sprangen die Landsknechte des Herzogs von den Pferdewagen und erschlugen die Räuber. Bertram Hase wurde an einer alten Eiche aufgeknüpft, die heute noch stehen soll.

Tützpatz (Lkr. Mecklenburgische Seenplatte)

Der Lindwurm im Schlosskeller

Die Geschichte um den Lindwurm im pommerschen Grenzdorf Tützpatz wurde im 19. Jh. durch die Verbreitung als glaubhafte Zeitungsmeldung sowohl in Pommern als auch in Mecklenburg sehr populär. Karl Bartsch nahm die Sage in sein Buch »Sagen, Märchen und Gebräuche aus Mecklenburg« auf.

Zu diesem einst gruseligen Ort kommt man nach längerer Fahrt über die Landstraße von *Demmin* in Richtung *Altentreptow*. Dicht bei der Straße steht das alte Schloss mit großzügigem Park. Auf dem naheliegenden Friedhof gibt es mehr als ein Dutzend Grabsteine für die Familie von Heiden-Linden, davon vier für Männer aus dem 19. Jh., die bei dieser Sage eine Rolle gespielt haben können.

Es soll eine sehr alte Sage sein, die jedoch aktuell um 1860 mit dem auf dem Schloss ansässigen Oberlandmundschenk von Heiden-Linden auf Tützpatz in Verbindung gebracht wurde. Dieser Herr erzürnte sich mit seinem Kutscher und sperrte diesen in einen alten Schlosskeller. Trotz der Schreie des Gefangenen wurde erst am Morgen die Tür geöffnet. Dort lagen nur noch die abgenagten Menschenknochen. Niemand traute sich die verfallenen Kellergänge nach Tieren zu durchsuchen. So warf man ein vergiftetes Kalb in den Keller. Am nächsten Morgen fand man einen Lindwurm »mit Schuppen, Ringelschwanz, Flügeln, vier Beinen und ungeheurem Rachen«. Das Tier soll damals ausgestopft auf dem Markt in *Neubrandenburg* zur Schau gestellt worden sein.

→ Neubrandenburg (Lindwurmfamilien)

Flugunfähiger Lindwurm

Ueckermünde (Lkr. Vorpommern-Greifswald)

Kugeln statt Klöße

Südlich der vorpommerschen Insel Usedom und des Kleinen Haffs liegt Ueckermünde. Der ursprüngliche Handelsplatz erhielt um 1260 sein Stadtrecht verliehen. Das als Burg 1284 errichtete Schloss und älteste Gebäude der Stadt stammt aus dieser Zeit. Um 1546 wurde es auf einer Anhöhe in Nähe des Flusses Uecker bei der Marienkirche durch Philipp I. neu erbaut. Es ist das letzte erhaltene Schloss der pommerschen Herzöge in Deutschland. Hier tagten im 13./14. Jh. häufig die Landtage. Heute beherbergt das Renaissanceschloss Rathaus und Haffmuseum, das aus dem Schlossturm einen guten Rundblick über Stadt und Hafflandschaft bietet. Immer wieder wurden Stadt und Schloss während der Jahrhunderte belagert. Der slawische Name des Flusses »Uecker« wird

Ueckermünde. Stich, 1618

als »an der Grenze« (u Kraj) gedeutet, womit schon viel Unheil vorprogrammiert war. Von der Belagerung durch Kurfürst Friedrich II. von Brandenburg im Jahre 1469 war auch das Schloss betroffen. Ziel war es, durch Einnahme der Stadt die Schiffahrt in andere Landesteile zu unterbrechen. In einer Kirchenchronik wird ein Schwarz-Augustiner-Mönch aus dem Kloster Jasenitz hervorgehoben, der sich durch die erstaunlich geschickte Bedienung eines großen Geschützes auszeichnete. Er soll dem Markgrafen den Tisch mit seinem Essen weggeschossen haben. Im Museum sind die steinernen Kanonenkugeln aus dem Jahre 1469 zu sehen.

Glocken als Kompass

Nur wenige Schritte vom Schloss in Richtung Osten steht die Marienkirche, deren Glocken im Winter eigenartigerweise besonders häufig läuten. 1752/66 wurde der 1473 errichtete spätgotische Vorgängerbau der Pfarrkirche St. Marien durch einen geräumigen Saalbau ersetzt. Im Stil der Neugotik wurde der Westturm mit großer Formenvielfalt 1863 angefügt.
Einst war der pommersche Herzog Bogislaw X. (1454–1523) in einer kalten Winternacht in den umliegenden Wäldern auf der Jagd und verirrte sich. Seine Begleiter kamen auf dem Schloss an und dachten, der vorgerittene Herzog sei schon da. Da läutete man besorgt die Glocken des Schlossturmes. Bogislaw folgte dem Klang, fand durchgefroren zurück nach Hause und war gerettet. Der Gerettete bestimmte, dass im Winter täglich abends um acht Uhr die Glocken geläutet werden, um auch anderen die Rückkehr zu erleichtern. Die Marienkirche mit ihren größeren Glocken hat dann den bis heute bestehenden Brauch übernommen. Er ist bekannt unter der Bezeichnung »Bogislawläuten«.

Usedom (Lkr. Vorpommern-Greifswald)

Allerlei Insel-Dummheiten

Die nach Rügen zweitgrößte Insel Mecklenburg-Vorpommerns liegt im östlichen Landesteil. Auf dem südwestlichsten Zipfel der Insel befindet sich das gleichnamige Städtchen Usedom am Usedomer See. War nun die Stadt oder die Insel namentlich zuerst da? Die Insel wird in Quellen im Jahre 1159 als »Uznam« bezeichnet. So wird sie heute noch im Polnischen (einer slawischen Sprache) benannt. Spätestens 1420 wird »Usedum« benutzt. Im 12. Jh. gab es bei der heutigem Stadt Usedom bereits eine slawische Marktsiedlung neben einer Burg. 1298 erhielt sie das Stadtrecht. Längst aber wurde das alte Bistum Usedom genannt. Neben diesem

Burgwall in der Stadt Usedom. Foto: Hartmut Schmied

Gelehrtenstreit hatte sich der Volksmund längst entschieden und erzählt folgende Versionen:

Der Fürst der Insel Wollin im Osten wollte gern auch diese namenlose Insel besitzen. Er führte einen Krieg, wurde wegen der tapferen Gegenwehr aber bald kriegsmüde. So bot er den Insulanern Frieden an. Diese lehnten die Konditionen aber ab. Darauf rief der Fürst: »O, so dumm!« Zunächst hießen die Bewohner Osodummer, später erst Usedomer.

Die friedlichere Variante erzählt von einer Versammlung der Ureinwohner. Sie suchten endlich nach einem schönen Namen für ihre inzwischen recht volkreiche Insel. Als keiner eine Idee hatte, wurde festgelegt, dass der erste genannte Name es sein soll. Nach langem Schweigen rief ärgerlich ein alter Mann: »O, so dumm!« (dass wir keinen Namen finden). Später wurde Usedom daraus.

Auch der Stadtname geht auf diese Sprechweise zurück. Etymologisch bemerkenswert ist das, was man dem Bischof zusprach. »Use Dom« (unser Dom) soll er gesagt haben, als er seinen Sitz hierher verlegte.

Völschow (Lkr. Vorpommern-Greifswald)

V

Das Völschower Ritterschwert

Südlich von Jarmen liegt an der B 96 das Dorf Völschow. Eine der schönsten Liebesgeschichten dieses Landstriches verbindet sich mit dem Völschower Ritterschwert.

Der Mühlenberg ist ein altüberlieferter Schlachtort auf der leichten Anhöhe südlich des Dorfes. 1328 traten hier die Pommern aus *Anklam* und *Demmin* gegen die Mecklenburger an. Die Pommern siegten und jagten den flüchtenden Mecklenburgern hinterher, um sie restlos zu vernichten. Einer der siegreichen Krieger blieb jedoch bei einem schönen Mädchen in Völschow zurück und liebte es gar heftig in den Büschen am Feldrain, während die anderen Soldaten ihr Glück auf dem Kriegsschauplatz suchten.

Als sie zurückkehrten, wollten sie den »Feigling« vor ein Gericht stellen. Er aber blieb bei seiner Geliebten und flüchtete mit ihr. Auf dem Schlachtberg wurden beide umstellt. In dieser Ausweglosigkeit erstach der Ritter zuerst seine Liebste und stürzte sich dann selbst in sein Schwert, um an ihrer Seite zu sterben.

Das Schwert wurde erst im 19. Jh. am Mühlenberg ausgegraben und hing dann lange Zeit in der Dorfkirche. Die für die Dorfkirche Völschow zuständige Pastorin bzw. der Pastor bewahren weiterhin die berühmte Waffe auf. Wer sie einmal gesehen hat, hegt keine Zweifel an dieser Sage.

Das Völschower Ritterschwert. Foto: Hartmut Schmied

W

Waren (Lkr. Mecklenburgische Seenplatte)

Flintstones Poltergeist

Die Stadt Waren wurde um 1260/70 von Nikolaus I.von Werle nördlich der Müritz und südlich des Tiefwarensees auf einer Landbrücke gegründet und mit Schweriner Stadtrecht versehen. Die Lage zwischen den Gewässern führte dazu, dass Waren oft von fremden Heeren besetzt wurde. Von 1347 bis 1425 war es Residenz der Linie Werle-Waren. Danach sank es zur unbedeutenden Landstadt herab, bis Waren ab Ende des 19. Jh. und dann im 20. Jh. als Kreisstadt durch Industrialisierung und als Urlaubszentrum zur bestimmenden Stadt im Müritzgebiet wurde. Hier lebte der bedeutendste mecklenburgische Sagensammler des 20. Jh., der Volkskundler Richard Wossidlo, bis zu seinem Tode im Jahre 1939.

Die Sage vom unbeliebten Bürgermeister Hans Hörnig ist die wohl bekannteste der Stadt und eine Warnung für jeden Politiker. Sein ruheloser Geist soll nachts um das Rathaus und durch die Stadt mit viel Lärm getobt sein. Am Alten Markt steht das spätgotische Alte Rathaus – im Kern aus dem 15. Jh. und damit ältestes Profangebäude von Waren. Das Neue Rathaus im Stil der englischen Tudorgotik wurde ab 1797 am Neuen Markt errichtet. Hier ist das Stadtgeschichtliche Museum zu Hause. Noch vor dem Bau des neuen Rathauses muss der bitterböse Bürgermeister (Hör nicht!), der in keiner Bürgermeisterliste nachweisbar ist, gelebt und willkürlich geherrscht haben. Als er starb, gab es mehr Freude als Trauer. Sein Geist aber jagte ruhelos durch die Stadt und peinigte die Bürger. Da holte man aus Sachsen einen Geisterbanner. Der fing den Geist in einem Sack ein und setzte ihn auf der Halbinsel Schweinewerder am Westteil der Binnenmüritz bei *Eldenburg* aus. Ein gezogener Bannkreis machte den flüchtigen Hörnig ortsfest. Als Arbeitstherapie wurde dem Geist das Schlagen von Feuersteinen, früher als Werkzeuge genutzt, verordnet. Noch heute soll man dort, einem steinzeitlichen Fundplatz, das Klopfen hören und die geheimnisvollen Feuersteine finden.

Gold des Nordens und der Tiefe

Die südlich von Waren gelegene Müritz bildet mit 117 qkm den größten Binnensee des Landes. Sie ist in das Land der »1 000 Seen« eingebettet. Ein 10 km langer Uferstreifen im Osten der Müritz gehört zum Müritz-Nationalpark. Der See ist 27 km lang, 13 km breit und bis zu 33 m tief. Sichttiefen bis zu 12 m lassen so manch unheimliches Wesen erscheinen.

Mit gut 63 m über dem Meeresspiegel liegt die Müritz auf dem meck-lenburgischen Landrücken – der Wasserscheide zwischen Nord- und Ostsee. Die seenreiche Oberfläche des Gebietes wurde durch die letzte Eiszeit, die Weichseleiszeit, vor etwa 12 000 Jahren gebildet. Aus dieser Zeit stammen auch die von der Ostsee und Skandinavien mit dem Eis herangeführten und dem Schmelzwasser abgeflossenen Bernsteinfunde des Müritzgebietes, von denen das naturhistorische Müritz-Museum in Waren Belege in seiner Sammlung hat.

Das binnenländische »Gold des Nordens« regt seit jeher die Menschen zu Phantasien an. Aus sieben Seen, die durch eine Quelle und die abgeholzten Nadelbäume um die Seen herum überflutet wurden, soll das Gewässer der Legende nach entstanden sein. Tatsächlich wurden mit der Kolonisierung der Region im 12./13. Jh. an der Elbe, dem natürlichen Abfluss der Müritz, bis zu 60 Wassermühlen gebaut. Dadurch staute sich das Wasser, und der Wasserspiegel stieg um 1,5 m. Flaches Land ging unter.

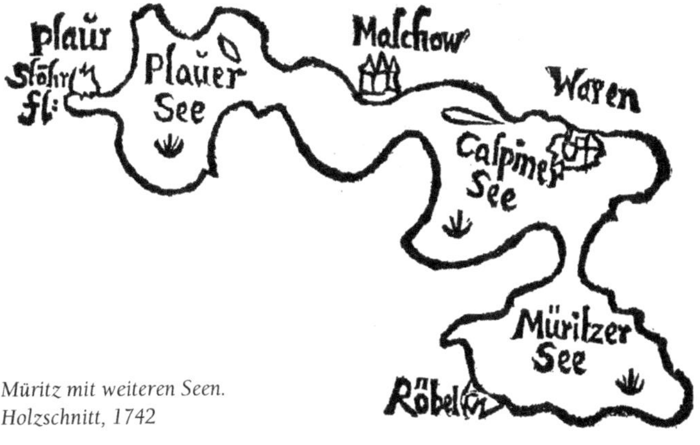

Müritz mit weiteren Seen. Holzschnitt, 1742

Aus den Bäumen soll Harz gequollen und dann daraus der Bernstein entstanden sein. Eine Nixe entdeckte einen hausgroßen und wunderbar reinen Bernstein, den sie aus einem Bernsteinschloss heraus bis heute vor habgierigen Menschen bewachen soll. Diesem Bernstein darf sich niemand nähern. Fährt jemand zufällig mit einem Boot darüber, so wird er stundenlang wie von Geisterhand festgehalten, bis er soviel Angst hat, dass er nicht mehr hierher zurückkehrt. Wer sich bewusst der Stelle nähert, wird in die Tiefe gerissen. Jedes Jahr gibt es auf der Müritz Bootsunfälle bei Sturm, die aber meist auf den Wellengang zurückgeführt werden.

Wasdow (Lkr. Rostock)

Gotteshaus aus Sehnsucht

An der Bundestraße 110 zwischen Rostock und Demmin liegt die Stadt *Gnoien*. Von dort aus fährt man noch einige Minuten ins nordöstlich gelegene mecklenburgische Dorf Wasdow. Es ist der unmittelbare Grenzbereich ins alte Pommern. Noch heute trennt die Trebel hier die beiden Landkreise Güstrow (Mecklenburg) und Nordvorpommern. Auf einer Anhöhe steht die mit einer Feldsteinmauer umgebene Dorfkirche. Der spätgotische Flügelaltar in barocker Umrahmung weist trotz der Fachwerkbau-Verputzung aus dem 18. Jh. auf eine sehr frühe Geschichte hin.

Oft werden höhergelegene Kirchen mit slawischen Heiligtümern in Verbindung gebracht, hier jedoch führt die Legende in die Zeit der Kreuzzüge. Die alte Ritterburg bei Wasdow hieß damals Wasitha. Ein unterirdischer Gang soll ins pommersche Nehringen geführt haben. Der Ritter von Wasdow, Herr von Hoben, ging damals mit in den Vorderen Orient, um an einem Kreuzzug teilzunehmen. Der Adel West- und Mitteleuropas war in mehreren Kreuzzügen des 11.–13. Jh. im Zeichen des Christentums auf Expansionskurs. Viele Kreuzfahrer starben, andere siedelten sich in den neugegründeten fernen Staaten an. Ob jemand von den jahrelangen Kreuzzügen zurückkommen würde, stand in den Sternen. Als sich der Wasdower Ritter von seiner Frau Luitgarde auf der Burg verabschiedete, war die Frau darum über Jahre in Sorge. Täglich stieg sie auf den Hügel und schwor sich, an der Stelle, von wo aus sie ihren Gatten wieder erblicken würde, sofort ein Gotteshaus zu errichten. Eines Tages kam der Ritter gesund mit seiner Reiterschar zurück. Die Frau löste ihren Schwur ein und ließ die Kirche bauen.

Werle (Lkr. Rostock)

Brüder im Geiste

Von dem etwa 20 km südlich der Hansestadt Rostock an der Warnow gelegenen Städtchen Schwaan fährt man in südlicher Richtung nach *Bützow*. Die östlich und parallel zum Flussbett der Warnow verlaufende Landstraße führt erst durch das Dorf Werle (früher Wieck) und dann durch Kassow. Dort, wo die Landstraße die Bahnschienen überquert, geht es nur per Fahrrad oder zu Fuß weiter in nördliche Richtung. Nach etwa einem Kilometer findet man unmittelbar am Fluss den künstlich aufgeschütteten, bewaldeten Burghügel von Werle. Der Ort ist ausgeschildert. Ein etwa sechs Tonnen schwerer Granit-Findling mit der Aufschrift »Burg Werle« liegt dort seit 1856 (Jahreszahl auf Steinrückseite). Wenige Jahre zuvor hatte man die Stelle erst wiederentdeckt.

Hier starb vor der Burg Werle durch eine Kriegslist der Obotritenfürst Niklot im Jahre 1160 bei einem Kampf gegen Heinrich den Löwen. Der slawische Stamm der Obotriten siedelte bis dahin westlich der Warnow, während der Stamm der Lutizen im Osten des späteren Mecklenburgs zu Hause war. Die Schlacht bei Werle leitete den Zusammenbruch des obotritischen Widerstandes ein. Auch im Gefolge dieses Ereignisses kam es zwischen 1229 und 1235 zur ersten mecklenburgischen Hauptlandesteilung. Von den entstehenden vier Teilherrschaften auf mecklenburgischem Gebiet hieß eine Werle. Sie erstreckte sich über *Güstrow* bis in das Müritzgebiet.

Die Sage berichtet von den unseligen Machtkämpfen dieser Zeit. So soll Fürst Heinrich I. von Werle-Güstrow auf der Burg Werle residiert haben. 1291 wurde er von seinen ältesten Söhnen Heinrich II. und Niklot V. während einer Jagd umgebracht. Ihr Vater hatte nach dem Tode seiner Frau ein zweites Mal geheiratet. Die Söhne sahen dadurch ihr Erbe bedroht. Die Vatermörder wurden nun durch die Verwandtschaft verjagt und starben schon bald unter Seelenqualen. Noch heute sollen sie des Nachts auf Burg Werle als Geis-ter umherirren.

Wismar (Lkr. Nordwestmecklenburg)

Ein Fürstenhof – ehe Freud und Leid kamen

Im Schutze einer tiefen Bucht mit der vorgelagerten *Insel Poel* liegt an der westlichen Ostseeküste die einstige Hansestadt, die diese Bezeichnung voller Stolz weiterführt. Aus einer slawischen Fischersiedlung entwickelte sich durch die Ansiedlung deutscher Kaufleute und Handwerker eine planmäßige Niederlassung, die 1229 mit der Verleihung des lübischen Stadtrechtes erstmals erwähnt wurde. Seit 1359 gehörte Wismar zum Städtebund der Hanse, dem die Hafenstadt bis ins 17. Jh. ihren Wohlstand verdankte.

Der Einfluss der jeweiligen mecklenburgischen Landesherrn wurde durch die Ratsherren immer mehr zurückgedrängt. Der einstige Fluch, ein Bauwerk des Herzogs in der Stadt, ist heute kulturgeschichtlich ein Segen. So auch der Fürstenhof in unmittelbarer Nähe der St. Georgenkirche. Das »Alte Haus« des landesherrlichen Anwesens ließ Herzog Heinrich 1512/13 zu seiner Hochzeit errichten.

Architektonisch bedeutsamer ist das zur Straße liegende »Neue, lange Haus«. Das nördlichste Renaissanceschloss Europas entstand in Anlehnung eines norditalienischen Palastes mit belebender Architektur wie der Geschichte des Trojanischen Krieges in einem Fries der Straßenfront sowie skurrilen Motiven in Sandstein. Dieses Haus ließ Herzog Johann Albrecht I. (1525–1576; regierte ab 1547) anlässlich seiner Hochzeit errichten. Schon 1550 verlobte sich der als Förderer von Wissenschaft und Kunst geltende Fürst mit der 22-jährigen brandenburgischen Prinzessin Anna Sophie (1538–1591). Erst ab 1553 bis 1555 baute er das für die Hochzeitsfeier gedachte Haus, bei dem das Wort Schloss durch die Wismarer vermieden wurde, um keine Residenzwünsche zu fördern.

Sandsteinreliefs am Fürstenhof. Stich um 1900

Fünf lange Jahre musste des Herzogs Verlobte das Baugeschehen bis zur Hochzeit abwarten. Fast gehässig scheinen die Sandsteingrotesken darüber zu grinsen. An ihnen konnte die baldige Herzogin schon im Vorfeld die während der Ehe zu erwartende Freude und das Leid ablesen. Die Freude waren unter anderem die drei Söhne Albrecht, Johann und Sigismund August. Zum Leid gehörte der frühe Tod ihres Mannes, den sie um 15 Jahre überlebte. Heiratswillige können sich heute beim Anblick der Grotesken Gedanken machen, was wohl die Mimik für ihre eigenen Lebensabschnitte bedeuten wird. Zuerst wird bei dem selbstzudeutenden Orakel stets die künftige Schwiegermutter erkannt.

Teufelsgitter gegen Höllentrip

Eine alte Sage, die schon seit 1820 gedruckt nachweisbar ist, erzählt vom Teufelsgitter. Dieses stand in der 1339 begonnenen und im 15. Jh. vollendeten Marienkirche, die nach schweren Beschädigungen aus dem Zweiten Weltkrieg nur noch als Turm erhalten ist. Das damals ausgelagerte Eisengitter mit bronzenem Taufbecken hat dann seinen Platz in der Pfarrkirche St. Nikolai gefunden. Dort steht es in einer Nordkapelle. Vermutlich hat Johann Apengeter aus Lübeck das Bronzebecken geschaffen, da in der dortigen Marienkirche eine ähnliche Tauffünte steht. Träger des Bronzekessels sind

Der Teufel ist stets auf der Suche nach »Partnern«.

drei Figuren mit mönchsartiger Kleidung. Die zwei Figurenreihen zeigen in der unteren Reihe Szenen aus dem Leben Christi sowie die klugen und törichten Jungfrauen, oben Christus als Weltenrichter, die Apostel, Maria und Johannes.
Vermutlich im 16. Jh. wurde das schmiedeeiserne Gitter von einem unbekannten Meister gefertigt. Es besteht aus verknoteten Seilen, scheint endlos und ohne Nähte. Die symbolische Bedeutung dieses Gitters wird auf die Einbindung (das Einknoten) der Sünde zurückgeführt. Der Täufling blieb also besonders rein. Bei solch einem handwerklichen Meisterwerk unbekannter Herkunft ist die Legendenbildung besonders ausgeprägt.
Ein beauftragter Schmied konnte das Gitter nicht zu Ende bringen, da ihm die Fertigkeiten fehlten, und war darüber voller Verzweiflung. Der »hilfsbereite« Teufel bot sich ihm gegen den Verkauf der Seele an. Am nächsten Morgen war das Werk vollbracht. In der Hölle muss der Sünder nun büßen, hat sich aber ein irdisches Denkmal für die Ewigkeit gesetzt.

Trommelschläge bei der Wasserkunst

Die Wasserversorgung in einer Stadt mit vielen Brauereien und anderem wasserverarbeitenden Gewerbe, bei gleichzeitigem Schutz vor feindlichen Angriffen, war eine große Aufgabe. Die einst überirdischen Leitungen wurden unterirdisch verlegt. Mit dem Bau der Wasserkunst am oberen Ende des Marktes floss das Wasser ab 1602 in über 200 Häuser und ein gutes Dutzend öffentliche Freipfosten (kostenfreie Schöpfstellen). Der vom holländischen Baumeister Philipp Brandin von 1580 bis 1602 erbaute pavillonartige Prunkbau diente bis 1897 der Wasserversorgung der Stadt und wurde dann vom Wasserturm abgelöst.
Südlich der Stadt kam das Quellwasser aus *Metelsdorf*. Zur Sicherheit floss das Wasser durch zwei verschiedene von dort verlegte Leitungen, die zur Unterscheidung »Mannrohr« und »Weibsrohr« hießen, da sie bei den Figuren Nix und Nixe (auch Adam und Eva) im Innern der Wasserkunst endeten. Aus diesen Freipfosten-Figuren sprudelt nun außerhalb der Kunst wieder Wasser; die bronzenen Originale bewahrt das Stadtgeschichtliche Museum »Schabbelhaus« in der Ausstellung auf. Ein seltener, kulturge-

*Nixe und Nix.
Holzschnitt, 1491*

schichtlicher Hinweis darauf, dass die Nixen als Wassergeister in Familienverbänden lebten und Männer wie auch Kinder hatten. Die unterirdisch verlegten Holzwasserleitungen und Geschichten um unterirdische Gänge innerhalb der Stadt regten stets die Phantasie der Bürger an. Die meisten Gänge gibt es nur in den Köpfen der Menschen, sagen Archäologen, denen meist konkrete Belege dafür fehlen. So sollte vom Franziskanerkloster (heute Große Stadtschule) ein unterirdischer Gang in Richtung St. Jakob nach Süden verlaufen. Im 19. Jh. soll hier noch ein vermauerter Zugang gewesen sein. Einst war ein Trommelschläger zum Tode verurteilt worden. Der Soldat wurde vom Kommandanten »begnadigt« und musste den Gang trommelnd entlang laufen, da man wissen wollte, wie weit dieser reichen würde. Käme er lebend durch, wäre er frei. Oben folgte man dem Schall der Trommel. Über die ABC-Straße und die Altböterstraße verfolgte man die Töne bis zum Markt. Als wäre der Gang für den Wasserablauf gedacht, verstummten die Trommelschläge bei der Wasserkunst. Der Soldat wurde nie mehr gesehen. Abends, wenn es ruhig geworden ist in der Stadt, soll man die Trommelschläge aus der Wasserkunst noch hören können.
→ Dömitz

Null Heidenspaß für Unterirdische

Am Hafen von Wismar (Ortsname wohl von germanisch: »gut« sowie »Meer«) steht das Wassertor, durch das einst die Zwerge die Stadt verlassen haben sollen. Es ist das einzige, von einst fünf, noch erhaltene, mittelalterliche Stadttor. Im 15. Jh. erbaut, ist der

Stadtseitengiebel gotisch, der Wasserseitengiebel aber um 1600 im Renaissancestil verändert worden. Die drei großen mittelalterlichen Pfarrkirchen der Hansestadt zeugen von der starken Position des Christentums.
Für die Unterirdischen (niederdeutsch: die »Ünnerierdschen«), wie die Zwerge im Lande hießen, wurden diese Kirchen zum Problem. Die Menschen bekreuzigten sich bei vielen Tätigkeiten und über den Speisen, sodass die heidnischen Zwerge diese nicht mehr essen wollten. Recht abgezehrt gaben sie schon früh auf. Während auf dem Lande einigen sagenhaften Zwergen erst mit dem Einsatz moderner Technik im 19. Jh. (tiefere Pflüge; Maschinen, die kaum Früchte auf dem Feld zurückließen) die Lebensgrundlage entzogen wurde und sie dann aus dem Lande auszogen, war es in den Hansestädten besonders hart. Heidnische Bräuche hielten sich im ländlichen Bereich ohnehin länger, teils bis heute.
Eines Tages war es soweit. Ein Unterirdischer, wohl der König, sprach im Hafen einen Schiffer, der keine Ladung hatte, wegen einer Überfahrt an. Nachts gingen dann Hunderte von Zwergen an Bord. Vom Wassertor legte das Schiff ab, das eine Kogge (wie im Wappen der Stadt) gewesen sein könnte. Sie trollten sich in einen unbekannten Hafen nach Norden, wo sie noch leben sollen. Gold und Silber waren den Kleinen ausgegangen, den Seemann und seine Matrosen konnten sie nicht auszahlen.

Wismarer Siegel, um 1350

Als Lohn aber war fortan dem Schiff das Glück hold. Die Kaufleute wollte gerade auf diesem Schiff ihre Waren transportieren. Möglicherweise lebt die Erinnerung an die Zwerge im kleinen Schiffsgeist Klabautermann fort, der die Schiffe vor dem Untergang bewahrt.
→ Malchow, → Peckatel, → Sagard

Wittenburg (Lkr. Ludwigslust-Parchim)

Seine Hand ins Feuer legen

Wohl nach einer benachbarten, weißen (witten), deutschen Burg oder einem hellen Berg wurde Wittenburg benannt. Südwestlich von Schwerin liegend, hat der Ort eine eigene Autobahnabfahrt von der A 24. Die Burgsiedlung gab es schon um 1190/1200. Seit 1226 wird eine Stadt erwähnt. Aus der mittelalterlichen Zeit, in der das Gottesurteil der Sage gesprochen wurde, stammen noch Teile der Stadtmauer mit Mauertürmen sowie die Wallanlagen. Der Markt- und Schauplatz der sagenhaften Handlung wurde nach mehreren Stadtbränden – so 1657, 1679 und 1726 – immer wieder erneuert. Als 1848 das Rathaus abbrannte, wurde es 1852/53 nach Plänen des Hofbaumeisters Demmler im Stile der

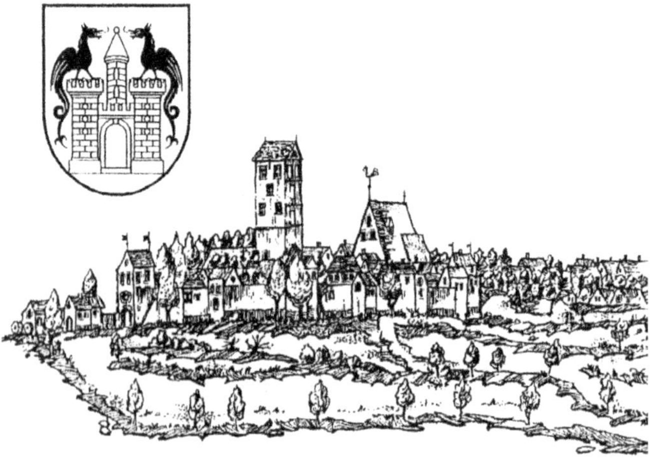

Ansicht von Wittenburg

Neugotik wieder aufgebaut. 1998/99 erfolgte die letzte Verschönerung des Marktplatzes.
An einem Sturmtag im Jahre 1351 – in Mecklenburg galt der November als Sturmmonat – soll ein Stadtbrand ausgebrochen sein. Große Teile der Stadt wurden zerstört, die Wut der Einwohner war groß und bald hatte man auch einen Schuldigen gefunden. Der Bürgermeister sollte Recht sprechen.
Noch 1345 erneuerten die mecklenburgischen Fürsten Albrecht II. und Johann ihr Versprechen, der Stadt ihre Rechte zu lassen. Doch 1358 verlor die Stadt unter dem Einfluss des Landesherrn den Status einer Residenzstadt. 1351 hatte das Stadtoberhaupt also eine starke Position.
Aus dem vermeintlichen Brandstifter war nichts herauszubekommen. Da wollte der Bürgermeister die Unschuldsprobe durchführen, die man auch Gottesurteil nannte. Sollte Gott dem Unschuldigen helfen, würde er die Probe bestehen, andernfalls wäre er schuldig. Bei der nachfolgenden Feuerprobe musste der Angeklagte ein glühendes Eisen in der Hand halten. Er stieß keine Schmerzenslaute aus und die Hand zeigte keine Brandwunden. Mit einem Mal war selbst das Eisen verschwunden. Die Probe war bestanden, das Eisen aber blieb unauffindbar.
Ein Jahr später pflasterte man den Marktplatz neu. Plötzlich schrie ein Mann auf. Er hatte das immer noch glühende Eisen bei Bauarbeiten gefunden und sich daran fürchterlich verbrannt. Sofort gab er zu, der Brandstifter zu sein. Das Gottesurteil wurde also ein weiteres Mal gesprochen und der Täter hingerichtet. Das Eisen bewahrte man noch lange im Rathaus auf und zeigte es zur Mahnung. Es heißt, für die Sanierung der Stadt hat der Bürgermeister heute noch stets ein Eisen im Feuer.

Wrangelsburg (Lkr. Vorpommern-Greifswald)

Vertagtes und nicht verjährtes Schäferstündchen

Zwei Seen liegen bei dem Dorf Wrangelsburg. Ein Weißer und ein Schwarzer See, der wegen seiner Unheimlichkeit der bekanntere ist. Sie ruhen im Zentrum des nördlichen Quadranten der Kreu-

Angeblich kohlrabenschwarze Fische im See. Stich, 1927

zung von B 109 und 111. Hinter dem Wrangelsdorfer Gutshaus verbirgt sich zunächst der Weiße (und freundlichere) See. Dahinter im Wald folgt der Schwarze See, der unergründlich tief sein soll. Häufig sind dies rein optische Beurteilungen und die Seen sind in Wirklichkeit nur wenige Meter tief.

Der Schwarze See soll vor etlichen Jahren entstanden sein. Damals wollten ein Schäfermädchen und ein Schäferknecht heiraten. Zuvor sollte er sich aber in der Welt umtun. Das Mädchen vergaß ihn über die Jahre und nahm sich einen anderen Bräutigam, bis eines Tages ihr alter Liebhaber vor ihr stand und sie verfluchte. Die Erde öffnete sich sofort und verschlang die Ärmste. An dieser Stelle entstand der Schwarze See, dessen Wasser und Fische kohlrabenschwarz sein sollen.

→ Güstrow (Teufelssee)

Zarrentin (Lkr. Ludwigslust-Parchim)

Exotischer Fisch à la carte

Der tiefste See Norddeutschlands liegt westlich von der Landeshauptstadt *Schwerin* und südöstlich von *Ratzeburg*. Am Südufer des Schaalsees und beim Fluss Schaale liegt Zarrentin. Nach 1918 wurde der Ort Stadt und erhielt 1922 ein Wappen, das einen Äbtissinnenstab mit zwei darüber liegenden Maränen zeigt. Diese heringsähnlichen Fische sind selten, und man machte sich schon früh Gedanken, warum sie gerade hier vorkommen.

Auf dem Gelände des 1246 gegründeten Zisterzienserinnen-Klosters führt heute die Heimatstube Zarrentin in die Lokalgeschichte ein. Zu den Besitzungen des Klosters gehörten etwa 13 Dörfer, das Patronat der Wittenburger Stadtkirche sowie die Rechte am Aalfang im Schaalsee. Der Name Zarrentin geht auf die mit einer Person verknüpfte Bezeichnung »Ort des Carnota«, slawisch von »schwarz«, zurück. Gut möglich, dass damit der Ortsgründer am dunklen See gemeint war.

Die Tiefe des Sees wird in der Sage als »bodenlos« beschrieben. Ein ins Wasser zur Tiefenmessung herabgelassenes »Seil von ungeheurer Länge« mit einer Zinnkanne als Gewicht soll bis auf die Öse geschmolzen sein. Der See duldete diese Messungen nicht und ein Ungeheuer zog das Boot mit den Menschen in die Tiefe. Tatsächlich ist der Schaalsee bis zu 72 m tief, bei einer durchschnittlichen Tiefe von etwa 40 m.

Das ermöglicht den Maränen, die auch im Sommer Wassertemperaturen um 16–18 Grad benötigen, die Existenz. Bei 22° C sterben diese sauerstoffliebenden Fische bereits und sind daher nur in klaren Seen mit über 15 m Wassertiefe sowie in Kaltwasseraquarien zu halten. Im Müritzeum von Waren-Müritz kann man die nicht angelbaren Kleinen und Großen Maränen als Schwarmfisch erleben. Beide Fischarten sind mit den Lachsen (Salmoniden) verwandt.

Das Zarrentiner Wappen stellt seit 1922 den Zusammenhang zwischen den seltenen Maränen und dem Kloster her. Die in nachreformatorischer Zeit entstandene Sage spricht das lasterhafte Klosterleben an und begründet im Nachgang die Enteignungen der Kirche. Allerdings wird von »Muränen«, den Aalartigen aus dem

Mittelmeer erzählt, die schon bei den Römern wegen ihres guten Fleisches in künstlichen Anlagen gezüchtet wurden. Diese Muränen (wissenschaftlich: Muraena helena) werden mehr als ein Meter lang und bis 6 kg schwer. Sie lieben das warme Wasser und werden im Deutschen Meeresmuseum *Stralsund* in Aquarien gehalten.
Die Nonnen des Klosters hatten, so die Sage, durch ihre Kontakte nach Italien schon viel von den leckeren, »großen Muränen – Salmo muraena« gehört. Als die Gelüste danach am stärksten waren, tauchte der Teufel auf und bot den Ordensfrauen gegen ihre Seelen das Holen der Muränen an. Nur musste er bis mittags Punkt zwölf Uhr aus Italien zurück sein. Den Nonnen wurde die Sache dann doch unheimlich und sie stellten die Turmuhr eine halbe Stunde vor. Der Teufel flog gerade über den Schaalsee, als der letzte Schlag der Mittagsstunde verklungen war. Vor Wut über den knapp verfehlten Sieg warf er die Muränen in den See. Seitdem leben die »Muränen« dort.
Der Widerspruch zwischen den beschriebenen Muränen des Salz-wassers und den tatsächlich im Schaalsee lebenden Maränen hängt mit einer Verwechslung zusammen. So sollen nach anderen

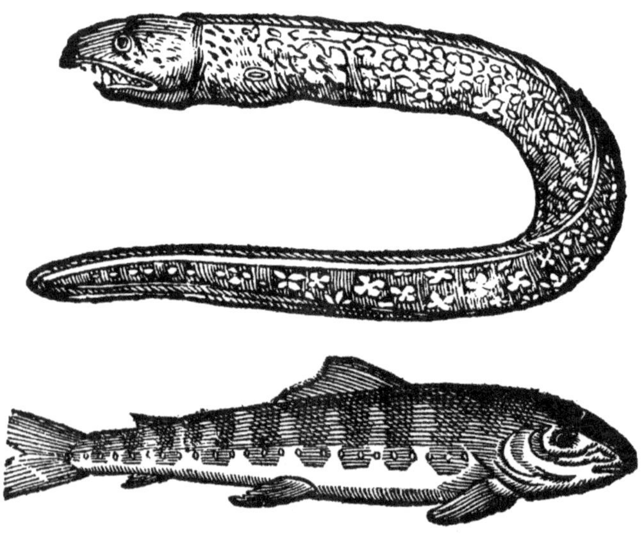

Muräne (oben) und Maräne. Holzschnitt, 1670

Berichten die Maränen aus Norditalien oder dem Bodensee geholt worden sein, wo sie wirklich zu Hause sind. Im Niederdeutschen wird für die Fischart Maräne sowohl der Ausdruck »Marän« wie auch »Murän« gebraucht. Lokal spielt die Muräne allerdings keine Rolle, sodass man eigentlich nichts verwechseln kann. Dem Erzähler des 19. Jh. waren wohl nur die antiken Muränen bekannt. Der Teufel als Überbringer der Fische ist unstrittig.
→ Greifswald, → Ivenack, → Retschow, → Spornitz (alle mit Sagen-Wappen)

Zinnowitz (Lkr. Vorpommern-Greifswald)

Vineta – das Atlantis des pommerschen Nordens

Mit dem nordöstlichen Teil der pommerschen Insel Usedom verbindet sich die Vineta-Legende über die berühmte, vor über tausend Jahren untergegangene Stadt – das »Atlantis des Nordens«. Die Überlieferung will wissen, dass hier in der Ostsee vor Usedom, nördlich von Koserow, vor tausend Jahren die größte Stadt Europas lag. Ein buntes Völkergemisch wohnte hier friedlich miteinander: so auch Slawen, Griechen, Sachsen. Der durch Handel erzielte Reichtum machte sie bald verschwenderisch: Die Stadttore waren aus Erz, die Glocken aus Silber, die Kinder spielten auf der Straße mit Talern und die Pferde trugen silberne Hufeisen. Am schlimmsten erscheint jedoch, dass man den Kindern den Hintern mit Brötchen abwischte. Ein Brotfrevel, der nach Auffassung der Kirche bestraft werden musste.
Der Reichtum und städtische Uneinigkeit wurde Vineta zum Fluch und brachten den Untergang. Die Feinde – Schweden und Dänen – sollen die Stadt eingenommen haben. Was nach der Eroberung übrig blieb, wurde von einer Sturmflut begraben. Die Trümmer der Stadt sollen noch heute in der Ostsee zu sehen sein. Jeden Abend bei stiller See kann man den Klang der silbernen Glocken hören.
Es sind die jährlichen Vineta-Festspiele im Sommer, die Zinnowitz in den 1990er Jahren zu einem Zentrum der Vineta-Kultur auf der Insel Usedom gemacht haben. Vineta begegnet einem hier auf Schritt und Tritt. Mit einer Landkarte bekommt man den besten

Überblick von den (mindestens) drei Vineta-Standorten. Im polnischen Wolin östlich von Swinemünde soll die Stadt Vineta ausgegraben worden sein. Seit Jahrzehnten erforschten Archäologen unter der Leitung des Direktors des Nationalmuseums in Szczecin

Bestattung in der Unterwasserwelt Vinetas

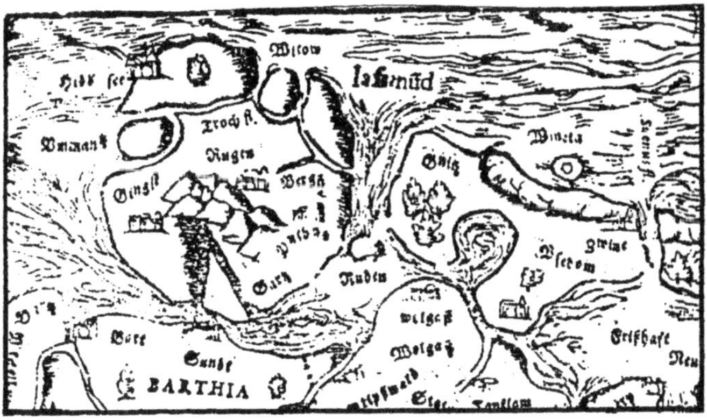

Geographische Karte von 1550 mit der Insel Vineta vor Usedom (westlich liegt die Insel Rügen, im Südwesten Barth)

(Stettin) Prof. Władisław Filipowiak (1926–2014) den slawischen Fernhandelsplatz an der Odermündung.
Auf alten Karten ist Vineta jedoch spätestens ab 1550 als in der Ostsee vor Usedom untergegangene Insel eingetragen. Auch bei der Vineta-Stadt *Barth* auf dem Wege zur Halbinsel Darß soll das »Atlantis des Nordens« gelegen haben. Neue Forschungsmethoden wie die Satellitenbeobachtung decken alte Flussläufe auf und unterstützen weitere Thesen zur Lage der alten Stadt.
→ Barth, → Prillwitz

OSTSEE
Poel
Kirchdorf
Klütz
WISMAR
Sülsdorf
Schönberg
Grevesmühlen
Naschendorf
Dorf Mecklenburg
Neukloster
Rerik
Kühlungsborn
Heiligen-damm
Nien-hagen
Bad Doberan
ROSTOCK
7
Retschow
Satow
Hohen Luckow
Werle
Bützow
Güstrow
Boitin
Friedrichs-walde
Groß Raden
Stern-berg
1
Gadebusch
8
SCHWERIN
Goldberg
Zarrentin
Wittenburg
Peckatel
Neu Ruthenbeck
Kuppentin
4
Hagenow
Spornitz
Parchim
Neustadt-Glewe
Kiekindemark
Boizenburg
Ludwigslust
Probst-Jesar
Grabow
Dömitz
Mecklenburg-Vorpommern
0 10 20 30 40 50 km

Landkreise und kreisfreie Städte

1 Landkreis Nordwestmecklenburg
2 Landkreis Rostock
3 Landkreis Vorpommern-Rügen
4 Landkreis Ludwigslust-Parchim
5 Landkreis Mecklenburgische Seenplatte
6 Landkreis Vorpommern-Greifswald
7 Kreisfreie Stadt Rostock
8 Kreisfreie Stadt Schwerin

Literaturverzeichnis (Auswahl)

Fett gedruckt: Zitierweise für Rubrik „Herkunft der Sagen" (siehe dort)

Bartsch, Karl: Sagen, Märchen und Gebräuche aus Mecklenburg, Band **I**, Wien **1879**, und Band **II**, Wien **1880**, Nachdruck, Hildesheim, New York 1978

Becker, Julius, Die Schlange am Rostocker Rathaus, in: Beiträge zur Geschichte der Stadt Rostock, Band 18, Rostock **1933**

Dörwaldt, Johannes: Sagen, Geschichten und Begebenheiten aus Sternberg und seiner näheren Umgebung, Teil **I, 1988**, Teil **II, 1989**

Grafik- und Designschule (Hrsg.), Teufel über Anklam, Milow **1995**

Haas, Alfred: Eichblatts Deutscher Sagenschatz, Bd. 1, Pommersche Sagen, Leipzig **1926**, Reprint Paderborn o. J.

Hilse, Rainer: Ankershagener Sagen, Mitteilungen aus dem Heinrich-Schliemann-Museum Ankershagen, Heft 4, Ankershagen **1996**

Jahn, Ulrich: Volkssagen aus Pommern und Rügen (1886), neu ediert von Siegfried Neumann und Karl-Ewald Tietz, Bremen **1999**

Jahn, Ulrich: Volkssagen aus Pommern und Rügen, Berlin **1889**, Reprint Leipzig 2006

Karge, Wolf, Hartmut Schmied: Museumsführer Mecklenburg-Vorpommern, Schwerin **1999**

Karge, Wolf, Ernst Münch, Hartmut Schmied: Die Geschichte Mecklenburgs, Rostock **1993**

Keuthe, Burghard: Parchimer Sagen, Parchim 1995–2020, 4 Bände:**I 1995, II 1997, III 1999, IV 2020**

Krambeer, Karl: Mecklenburgische Sagen, Ribnitz **1926**

Lambrecht, Susan, Müritz Mecklenburgisches Großseenland. Sagen und Geschichten, Schwerin **2002**

Maier, Elke, Karl-Ewald Tietz, Adelheit Ulbricht: Aus Pommerns Sagenwelt, Peenemünde, Teil 1 **(1993)**, Teil 2 **(1994)**, Teil 3 **(1995)**, Teil 4 **(1997)**

Münch, Ernst, Hartmut Schmied, Wilfried Steinmüller: Sagen, Legenden und Geschichte. 3 x 7 Episoden aus dem Rostocker Raum, Schriften der Geschichtswerkstatt Toitenwinkel, Heft 3, Rostock **1997**

Neumann, Siegfried: Sagen aus Pommern, München **1991**

Niederhöffer, Albert: Mecklenburgs Volkssagen, Leipzig 1857/60, 4 Bände: **I 1857, II 1858, III 1859, IV 1860** (Jahreszahlen von jeweils dem ersten Heft; Expl. der Universitätsbibliothek Rostock)

Niederhöffer, Albert: Mecklenburgs Volkssagen, neu ediert von Reno Stutz, Bremen **1998**

Raabe, Wilhelm: Die Gänse von Bützow, Berlin **1984**

Schliemann, Sophie: Heinrich Schliemann's Selbstbiographie. Bis zu seinem Tode vervollständigt, Leipzig **1892**, unveränderter Nachdruck, Ankershagen 1996

Schlösser, Karl: Der Schatz von Meesiger. Sagen aus Landkreis Demmin, Demmin **2001**

Schmidt, Ingrid: Götter, Mythen und Bräuche von der Insel Rügen, Rostock **1987**

Schmied, Hartmut: Der Magische Tierpfad, Rostock **2000**

Schmied, Hartmut: Die Drachenhalbinsel Fischland-Darß-Zingst. Ein mystischer Reiseführer, Kückenshagen **2009**

Schmied, Hartmut: Die Schwarzen Führer Mecklenburg-Vorpommern, Freiburg i. Br. **2001**

Schmied, Hartmut: Riesen, Zwerge, Fabeltiere. Sagen aus Mecklenburg für Kinder. Illustriert von Andrea Sommerfeld, Neue Schriften der Stiftung Mecklenburg, Materialien 9, Wismar **2020**

Schmied, Hartmut: Umfrage zum Immateriellen Kulturerbe 2017 unter den Museen im Museumsverband in Mecklenburg-Vorpommern e.V., Rostock **2017**

Schulz, Erwin, Das blaue Licht. Sagen und Geschichten aus dem Raum Strasburg-Woldegk, Milow 2000

Sielaff, Erich: Pommersche Sagen, 1935; maschinenschriftliche (Ab)schrift

Studemund, Friedrich: Mecklenburgische Sagen, **I, II, III** (1. Heft **1820**, 2. Heft **1822**, 3. Heft **1823**), Parchim 1823

Temme, Jodokus D. H.: Die Volkssagen von Pommern und Rügen, Berlin **1840**, Nachdruck Hildesheim, Zürich, New York 1994

Wagner, Richard: Bilder aus der mecklenburgischen Geschichte und Sagenwelt für die unteren Klassen der höheren Lehranstalten, Berlin, Leipzig, Potsdam **1926**

Wossidlo, Richard: Mecklenburgische Sagen, Band **I** und **II**, Rostock **1939**

Ziemann, Johanna M.: Der Schwarze Führer Deutschland, Freiburg **2000**

Zmeck, Jochen: Wunderwelt Magie, Berlin **1979**

Ortsverzeichnis

Die Hauptstichworte sind im Register **halbfett** verzeichnet.

Herkunft der Sagen

Wichtig für die Auswahl der Sagen im vorliegenden Buch war es, dass zum besseren Verständnis des Textes ein möglichst anschaulicher und auch zu besichtigender Ort vorhanden ist. Doch woher kommt die zum Ort passende und hier veröffentlichte Sage? Ist es ein alter Text des 19. Jahrhunderts, auf den zurückgegriffen und der nun mit kulturgeschichtlichen Informationen angereichert wurde? Oder ist er völlig neu entstanden, weil es vielleicht das Denkmal (Tycho Brahe, Seite 149–150) noch nicht gab oder der Text den Kirchenführern (Doberaner Münster, Seite 16–17) erst abgelauscht und somit neu erfasst wurde?
Die grundlegenden Sagentexte in diesem Buch sind zwischen 1996 und 2001 entstanden. In den Nachauflagen gab es stets Aktualisierungen bei den Wegbeschreibungen und bei kulturgeschichtlichen Informationen (Schwertwal, Seite 54–55). Bei dem Vorgängerbuchtitel „Die Schwarzen Führer – Mecklenburg-Vorpommern" (Schmied 2001) war ein Quellenverzeichnis für die gesamte Edition nicht vorgesehen. Nach über 20 Jahren hat es der Hinstorff Verlag auf Anregung des Autors nun erstmalig ermöglicht, diese für Leser durchaus wichtigen Informationen einzubeziehen.
Dabei wurde aus einer Vielzahl von Quellen für eine einzelne Sage oft nur eine hier verzeichnet, die möglichst in einem gut erreichbaren Buchtitel nachzuschlagen ist. Meist führt die Literatur dann weiter in die Tiefe. Teils wurden, wenn nicht in einem traditionellen Sagenbuchtitel erfasst, verschiedene Informationsquellen der eher lokalen „grauen Literatur" genutzt, die hier wegen des Umfangs nicht darstellbar sind. Dann findet sich der Hinweis auf Museen, über die man mehr erfahren kann. Hilfreich waren besonders Museumsleiter, Archivare und Pastoren aus den 1990er Jahren, als die Texte entstanden. Doch kommt man weiterhin über die Fachleute vor Ort an Informationen. Wenn möglich, wurde auf die jeweils älteste Überlieferung im Originaltext zurückgegriffen.
Die nachstehende Auflistung der Quellen zur Herkunft der Sagen sollte in Verbindung mit dem Literaturverzeichnis genutzt werden, in dem die hier verkürzten Titel ausführlich zu finden sind. Bei größeren Orten mit mehreren Sagen steht in Klammern der

konkrete Sagenbezug. Seitenzahlen vor dem Ort schaffen ebenso den eindeutigen Bezug.
Finden sich in den Hinweisen die Angaben Münch 1997, Ziemann 2000 oder Schmied 2001, so handelt es sich um frühere (oftmals erstmalig, ohne ältere Sagen-Bezüge, gedruckte) Sagenveröffentlichungen des Autors vor der Hinstorff-Erstauflage 2005. Alle Nachweise verstehen sich nicht als traditionelles Quellenverzeichnis, sondern als Anregung für das eigene Weiterforschen.

9 **Altenkirchen:** Ziemann 2000, S. 25 (eine der acht Sagen von Hartmut Schmied aus Mecklenburg-Vorpommern im Sammelband)
10 **Ankershagen:** Niederhöffer I, 1857, S. 204–205, Nr.47 (Dorfname)
13 **Ankershagen:** Schliemann 1892, S. 2 (Silberschälchen), Ziemann 2000, S. 26
13 **Anklam:** Temme 1840, S. 217–218, Nr. 180
14 **Bad Doberan:** Studemund I, 1820, S. 31–32, Nr. 14, Stiftung des Klosters Doberan (Gründungslegende); Bartsch I, 1879, S. 354; Schmied 2001, S. 13–16 (nach Erzählungen der Kirchenführer Ende der 1990er Jahre)
15 **Bad Doberan:** Schmied 2001, S. 14–15
16 **Bad Doberan:** Schmied 2001, S. 15–16; nach Erzählungen der Kirchenführer im Münster
17 **Bad Sülze:** Wossidlo I, 1939, S. 173, Nr. 491 a, b; Schmied 2001, S. 16–17
18 **Barth:** Temme 1840, S. 23–27, Nr. 14
19 **Barth:** Haas 1926, S. 118–119, Nr. 222
20 **Bergen:** Temme 1840, S. 175, Nr. 139
22 **Bergen:** Temme 1840, S. 232, Nr. 194
23 **Boitin:** Studemund II, 1822, S. 79–80, Nr. 19; Niederhöffer II, 1858, S. 124–126, Nr. 94; Ziemann 2000, S. 26–27
24 **Boizenburg:** Niederhöffer III, 1859, S. 214–215, Nr. 205
26 **Bützow:** Raabe 1984
27 **Burg Stargard:** Studemund I, 1820, S. 66–71, Nr. 21 (Gedicht); ebenda II, 1822, S. 24–27, Nr. 6; Niederhöffer III, 1859, S. 243–251, Nr. 219

29 **Dalwitz** (Riesensauerei): Niederhöffer IV, 1860, S. 206, Nr. 319
29 **Dalwitz** (Burgfrieden): Niederhöffer IV, 1860, S. 236–240, Nr. 337
30 **Demmin:** Temme 1840, S. 171, Nr. 131
31 **Dobbin:** CRYPTONEUM-Legenden Museum Rostock
32 **Dömitz:** Niederhöffer III, 1859, S. 26–28, Nr. 140
34 **Dorf Mecklenburg:** Wossidlo I, 1939, S. 220, Nr. 623, Der Feuerreiter; Studemund I, 1820, S. 10–11, Nr. 6, Mikelinburg
36 **Feldberg:** Heimatstube Feldberg
37 **Friedland:** Niederhöffer I, 1857, S. 77–79, Nr. 16
38 **Friedrichswalde:** Dörwaldt, 1989, S. 14
39 **Gadebusch:** Wossidlo I, 1939, S. 225–226
41 **Galenbeck:** Studemund II, 1822, S. 106–108, Nr. 25; ebenda III, 1823, S.45–51, Nr. 6; Temme 1840, S. 274–276, Nr. 233
42 **Garz:** Temme 1840, S. 64–65, Nr. 37
44 **Gatschow:** Neumann 1991, S. 224–225
45 **Gingst:** Temme, 1840, Nr. 63, S. 101
46 **Gingst:** Historische Handwerkerstuben Gingst
46 **Göhren:** Haas 1926, S. 53–54, Nr. 104; Schmidt 1987, S. 115
48 **Göhren-Lebbin:** Lambrecht 2002, S. 66–67
49 **Goldberg:** Natur-Museum Goldberg
50 **Grabow:** Museum Grabow
51 **Greifswald** (Greifenland): Temme 1840, S. 156–157, Nr. 116
54 **Greifswald** (Nordwinde): Temme 1840, S. 161, Nr. 119
54 **Greifswald** (Blaskapelle): Schmied 2001, S. 47–48; CRYPTONEUM Legenden-Museum Rostock
55 **Greifswald** (Schatzjäger): Temme 1840, S. 237–238, Nr. 202
56 **Grevesmühlen:** Niederhöffer IV, 1860, S. 241–243, Nr. 338
58 **Grimmen:** Museum „Im Mühlentor" Grimmen
60 **Gristow:** Temme 1840, S. 297–299, Nr. 252
60 **Groß Raden:** Dörwaldt I, 1988, o.S.
62 **Grün Kordshagen:** CRYPTONEUM-Legenden Museum Rostock
63 **Güstrow:** Niederhöffer III, 1859, S. 196–199, Nr. 200 (Gedicht); Bartsch I, 1879, S. 330, Nr. 445
65 **Güstrow:** Niederhöffer II, 1858, S. 97–98, Nr. 83
65 **Gützkow:** Temme 1840, S. 47–48, Nr. 26
67 **Hagenow:** Niederhöffer IV, 1860, S. 114–118, Nr. 277

68 **Heiligendamm:** Niederhöffer I, 1857, S. 73–77 (Gedicht), Nr. 16
70 **Hintersee:** Sielaff 1935, o.S.
71 **Hohen Luckow:** Niederhöffer III, 1859, S. 103–106, Nr. 162
72 **Hohenzieritz:** Kulturquartier Neustrelitz (Museum der Stadt)
74 **Ivenack:** Niederhöffer I, 1857, S 192–196, Nr. 44
76 **Jabel:** CRYPTONEUM-Legenden Museum Rostock
78 **Kamminke:** Temme 1840, S. 212–213, Nr. 172
79 **Kiekindemark:** Bartsch I, 1879, S. 421, Nr. 588; Keuthe I, 1995, S. 45–53
80 **Kirch-Baggendorf:** Temme 1840, S. 107–109, Nr. 69
81 **Kirchdorf:** Niederhöffer II, 1858, S. 238–241, Nr. 129
83 **Kloster:** Temme 1840, S. 166–169, Nr. 127
84 **Klütz:** Bartsch I, 1889, S. 144–145, Nr.177
86 **Kruckow:** CRYPTONEUM-Legenden Museum Rostock
87 **Kückenshagen:** CRYPTONEUM-Legenden Museum Rostock
88 **Kühlungsborn** (Seeräuber): CRYPTONEUM-Legenden Museum Rostock
89 **Kühlungsborn** (Ostsee): Niederhöffer III, 1859, S. 128–129, Nr. 172 (Kühlung); ebenda S. 171–173, Nr. 196 (Gammelin)
90 **Kühlungsborn** (Blocksberg): CRYPTONEUM-Legenden Museum Rostock
91 **Kuppentin:** Bartsch I, 1879, S.27, Nr. 33
93 **Laage:** Studemund III, 1823, S. 42–44, Nr. 5; Niederhöffer II, 1858, S. 164–168, Nr. 103
94 **Loitz:** Schlösser 2001, S. 41
95 **Luckow:** Temme 1840, S. 316, Nr. 268
95 **Ludwigslust:** Bartsch I, 1879, S. 159–161, Nr. 197 (Juchhans); Schloss Ludwigslust (Museum mit Schlosspark)
97 **Malchin:** Niederhöffer IV, 1860, S. 57–59, Nr. 251
98 **Malchow:** Niederhöffer IV, 1860, S. 105–107, Nr. 274
100 **Meesiger:** Schlösser 2001, S. 17
101 **Mildenitz:** Mühlenmuseum Woldegk
102 **Mirow:** CRYPTONEUM-Legenden Museum Rostock
104 **Naschendorf:** Bartsch I, 1879, S. 30–31, Nr. 40, Das Riesengrab, Nr. 41 Der Riesenbackofen; Wagner 1926, S. 64–66, Hünensagen

105 **Neubrandenburg** (Jungfrauen): Regionalmuseum Neubrandenburg

107 **Neubrandenburg** (Türklopfer): Bartsch I, 1879, S. 360–361, Nr. 492; Niederhöffer I, 1857, S. 96–97, Nr. 22 (Gedicht)

109 **Neubrandenburg** (Lindwurmfamilien): Regionalmuseum Neubrandenburg

110 **Neubrandenburg** (Eiskalt): Niederhöffer II, 1858, S. 75–76, Nr. 75 (Gedicht)

111 **Neukloster:** Niederhöffer II, 1858, S. 18–21, Nr. 63

113 **Neu Ruthenbeck:** Keuthe I, 1995, S. 176

114 **Neustadt-Glewe:** Niederhöffer III, 1859, S.176–178, Nr. 192

116 **Neustrelitz:** Kulturquartier Neustrelitz (Museum der Stadt)

117 **Nienhagen:** Schmied 2001, S. 101; CRYPTONEUM-Legenden Museum Rostock

118 **Nossendorf:** CRYPTONEUM-Legenden Museum Rostock, Archiv des Nossendorfer Pastors

119 **Parchim:** Schmied 2001, S. 102–103; „Wandersage“ in Zmeck 1979, S. 49–50, S. 61–62; Stadtarchiv Parchim

120 **Pasewalk** (Kiek): Haas 1926, S. 142–144, Nr. 271

122 **Pasewalk** (Mordkreuz): Museum der Stadt Pasewalk

123 **Peckatel:** Niederhöffer II, 1858, S. 121–123, Nr. 93; Ziemann 2000, S. 21

124 **Penzlin:** Niederhöffer II, 1858, S. 98–105, Nr. 84

126 **Prerow:** Darß-Museum Prerow

127 **Prerow:** Darß-Museum Prerow

128 **Prillwitz:** Zu Rethra in Studemund I, 1820, S. 5–8, Nr. 2, 3, 4; Schmied 2001, S. 110–112

131 **Probst-Jesar:** Niederhöffer II, 1858, S. 181–185, Nr. 110

132 **Pudagla:** Jahn 1889, S. 166, Nr. 209

133 **Putbus:** Temme 1840, S. 173, Nr. 136

134 **Putgarten** (Heiligtum): Temme 1840, S. 56–63, Nr. 36

137 **Putgarten** (Siebenschneiderstein): Stadtmuseum Bergen auf Rügen

137 **Putgarten** (Grabräuber): Temme 1840, S. 231, Nr. 193

139 **Ralswiek:** Temme 1840, S. 194–195, Nr. 156; Haas 1926, S. 126–130; Ziemann 2000, S. 27–28

141 **Rerik** (Spur): Heimatmuseum Rerik

142 **Rerik** (Totenduelle): Niederhöffer II, 1858, S. 114–117, Nr. 89
143 **Retschow:** Text am Denkmal; Denkmalhof Retschow
144 **Ribnitz-Damgarten:** Krambeer 1926, S. 102–103; Schmied 2001, S. 124–125
146 **Röbel** (Orakel): Niederhöffer IV, 1860, S. 226–228, Nr. 331
147 **Röbel** (Glocke): Niederhöffer I, 1857, S. 11–20
148 **Rostock** (14 Brüder): Niederhöffer II, 1858, S. 201–204, Nr. 118
149 **Rostock** (goldene Nase): Münch 1997, S. 14–15; Ziemann 2000, S. 28; biografische Literatur
151 **Rostock** (Bürgermeister): Niederhöffer III, 1859, S. 216–218, Nr. 206
152 **Rostock** (Hund): Studemund I, 1820, S. 54–60, Nr. 19, Stiftung Kloster zum Heiligen Kreuz (Gedicht); Münch 1997, S.12–13
153 **Rostock** (Blücher): Münch 1997, S. 18–19; Schutzgeist-Geschichte aus den 1990er Jahren gehört von Stadtführern
156 **Rostock** (Aalschlange): Münch 1997, S. 20–21, S. 134–135; Becker 1933, S. 107–112; Stadtarchiv Rostock
157 **Rostock** (Keiler): Niederhöffer II, 1858, S. 137–140 (Gedicht), Nr. 98
159 **Sagard:** Temme 1840, S. 228–229, Nr. 190 (Riesin); Temme 1840, Nr. 221, S. 260–261 (Zwerge)
161 **Sassnitz** (Stuhl der Könige): Temme 1840, S. 174, Nr. 137
162 **Sassnitz** (Waschstein): Temme 1840, S. 248–250, Nr. 211
163 **Sassnitz** (Wahl): Temme 1840, S. 250–252, Nr. 212
163 **Sassnitz** (Hertha-See): Temme 1840, S. 65–66, Nr. 38
164 **Sassnitz** (Burg): Temme 1840, S. 65–66, Nr. 38
165 **Satow:** CRYPTONEUM-Legenden Museum Rostock
166 **Schaprode:** Stadtmuseum Bergen auf Rügen
167 **Schönberg:** Museum Schönberg; CRYPTONEUM-Legenden Museum Rostock
168 **Schwerin** (Löwen): Schmied 2001, S. 145–146; Studemund I, 1820, S. 72–73, Nr. 22, Heinrich der Löwe; ebenda II, 1822, S. 87–97, Nr. 22, Beschreibung der Stadt Schwerin
169 **Schwerin** (Petermännchen): Studemund III, 1823, S. 102–

109, Nr. 11, Das Petermännchen; Niederhöffer II, 1858, S. 206–224, Nr. 205; Ziemann 2000, S. 29–30

172 **Schwerin** (Brunnen): Schmied 2001, S. 148; lokale Quellen

172 **Schwerin** (Ungeheuer): Niederhöffer III, 1859, S. 230–231, Nr. 213

173 **Schwerinsburg** (Kummer): Jahn 1889, S.201–203, Nr. 253 und S. 280, Nr. 350

173 **Schwerinsburg** (Landwirtschaft): ebenda

174 **Sommersdorf:** Archiv des Sommersdorfer Pastors a.D.

175 **Spantekow:** Maier III, 1995, 1995, S. 14

176 **Spornitz:** Niederhöffer II, 1858, S. 42–44, Nr. 68

176 **Sternberg:** Studemund II, 1822, S. 103–105, Nr. 24 (Gedicht); Niederhöffer II, 1858, S. 141–156, Nr. 99

178 **Stralsund** (Pfeil-Insel): Temme 1840, S. 144–145, Nr. 105

180 **Stralsund** (Wallenstein): Temme 1840, S. 145–146, Nr. 106

181 **Stralsund** (Fabelwesen): STRALSUND MUSEUM (Katharinenkloster)

182 **Stralsund** (Handwerkszeichen): STRALSUND MUSEUM (Katharinenkloster)

183 **Strasburg:** Schulz 2000, S. 60–61

184 **Sülsdorf:** Niederhöffer I, 1857, S. 25–27, Nr. 4; Mitteilungen 1919, S. 75

186 **Tessin:** Heimatstube Mühlenhaus Tessin

186 **Teterow** (Hecht): Niederhöffer IV, 1860, S. 142–148, Nr. 291

188 **Teterow** (Bullenwiese): Stadtmuseum Teterow

189 **Torgelow:** Temme 1840, S. 71–74, Nr. 43

191 **Tützpatz:** Schlösser 2001, S. 36

192 **Ueckermünde** (Kugeln): Haffmuseum im Schloss Ueckermünde

193 **Ueckermünde** (Glocken): Haffmuseum im Schloss Ueckermünde

193 **Usedom:** Temme 1840, S. 171–172, Nr. 132

195 **Völschow:** Schlösser 2001, S. 46–47

196 **Waren (Müritz)** (Poltergeist): Niederhöffer III, 1859, S. 82–86, Nr. 154

196 **Waren (Müritz)** (Gold): Niederhöffer III, 1859, S. 16–18, Nr. 136
198 **Wasdow:** Niederhöffer IV, 1860, S. 50–52, Nr. 246
199 **Werle:** CRYPTONEUM-Legenden Museum Rostock
200 **Wismar** (Fürstenhof): Schmied 2001, S. 172–173
202 **Wismar** (Teufelsgitter): Studemund I, 1820, S.106, Nr. 31; Niederhöffer II, 1858, S. 127–128, Nr. 95
203 **Wismar** (Trommelschläge): Bartsch I, 1879, S. 333–334, Nr. 451
204 **Wismar** (Unterirdische): Wossidlo I, 1939, S. 94–95, Nr. 245
206 **Wittenburg:** Niederhöffer III, 1859, S. 108–110, Nr.
208 **Wrangelsburg:** Maier I, S. 12; Temme 1840, S. 314–316, Nr. 267 (beide Seen)
209 **Zarrentin:** Niederhöffer II, 1858, S. 179–181, Nr. 109; als Wandersage schon bei Temme 1840, S. 113–114, Nr. 75
211 **Zinnowitz:** Temme 1840, S. 23–27, Nr. 14; Ziemann 2000, S.30–31

Zum Autor

HARTMUT SCHMIED, geboren 1955 in Rostock. Gelernter Matrose der Hochseefischerei, Biologisch-technischer Assistent, fünf Jahre Fischereiforschung auf den Weltmeeren. 1981 bis 1988 Studium der Geschichte und Germanistik mit Forschungsstudium an der Universität Rostock. 1989 Promotion über die mecklenburgischen Schäfer und Hirten der frühen Neuzeit.

Anschließend bis heute Arbeit an und mit Museen. Denkmalsprojekte u.a. zu Tycho Brahe und Vicke Schorler. 1999 Gründung des preisgekrönten virtuellen CRYPTONEUM Legenden-Museums (www.cryptoneum.de) zur Bewahrung des deutschen und internationalen Kultur- und Naturerbes in Verbindung mit Erzähl-Überlieferungen. Seit 2013 verstärktes Engagement für das Immaterielle Kulturerbe (IKE) in Deutschland. Aufnahme der erfolgreichen Bewerbung „Die Vielfalt des Sagenerzählens in Mecklenburg-Vorpommern" in das von der Deutschen UNESCO-Kommission geführte Bundesweite Verzeichnis des IKE im März 2021.

Media-Shows und Buchtitel zu kulturgeschichtlichen Themen wie Sagen, Mythen und Legenden, Fabelwesen, Magie und Aberglaube sowie zur Ostsee.

Leitspruch des Legenden-Forschers und Referenten:
Verborgenes entdecken.

Karge, Wolf/Münch, Ernst/
Schmied, Hartmut
Die Geschichte Mecklenburgs
216 Seiten, gebunden, mit Schutzumschlag
zahlreiche s/w-Abbildungen u. Karten
ISBN 978-3-356-01039-8

Inachin, Kyra
Die Geschichte Pommerns
224 Seiten, gebunden, mit Schutzumschlag
ISBN 978-3-356-01044-2

Schmidt, Ingrid
Orakel, Hexen, Heilmagie
auf der Insel Rügen
130 Seiten, Klappenbroschur
zahlreiche s/w-Abbildungen
ISBN 978-3-356-01038-1

Priewe Gerhard/Bummert, Jürgen
Hühnergötter – Glückssteine vom Strand
80 Seiten, Broschur
40 Farbfotos
ISBN 978-3-356-01572-0

www.hinstorff.de

Zur Nutzung dieses Buches: Der Autor steht hinter dem Anliegen des Genderns. In vielen Texten, teils mit der Anmutung des 19. Jahrhunderts, werden durch die modernen kulturgeschichtlichen Ergänzungen die Textformen vermischt. Daher wurden die Texte so beibehalten, dass Riesen, Zwerge, Hexen, Seeräuber und Teufel, aber auch die vielen Unterstützerinnen und Unterstützer bei den Recherchen, es gut lesbar überleben können.

Die Deutsche Nationalbibliothek verzeichnet diese Publikation in der Deutschen Nationalbibliografie; detaillierte bibliografische Daten sind im Internet über http://dnb.de abrufbar.

Lagerstraße 7, 18055 Rostock
Tel. 0381/ 4969-0
Internet: http://www.hinstorff.de

4., erweiterte und aktualisierte Auflage 2022

Herstellung: Hinstorff Verlag GmbH
Titelbild: Gespensterwald Nienhagen; Foto: Hartmut Schmied
Foto Seite 230: Annika Schmied
Druck und Bindung: CPI books GmbH
Printed in Germany
ISBN 978-3-356-02194-3